ねこと夫婦とくるま旅

24歳で会社やめて
バンライフ始めてみた

ちゃんじろー夫婦

KADOKAWA

はじめに

僕は、日本一周するねこ！　「ジョン様」って呼んでにゃ～。

僕は弟子たちが運転する車に乗って、日本全国いろんなところに行ってるにゃ。昼寝したり、毛づくろいしたり、弟子をさんぽに連れてってやったり……毎日忙しいぜ、まったく。でもさ、日本一周してるねこなんて、なかなかいにゃいんでは？　さっすが俺様だぜ。弟子の世話は大変だけど、けっこう充実した毎日を過ごしてるし、楽しいにゃ。

弟子の名前は、「チャン」と「じろー」。

2人とも25歳の人間で、「ふうふ」ってゆー関係らしい。結婚して2年くらいの「しんこん」で、基本的には仲よくやってるみたいにゃ。たまに喧嘩してたら、僕が仲裁に入ってやることもあるんだ～。ほーんと、手がかかる弟子たちだにゃ……。

実は、日本一周は弟子たちが言い出したこと。2人が「どうしても車で日本一周したい！」って言うから、しかたなく、ついてきてやったんだにゃ。優しいでしょ（ニヤッ）。

弟子たちが旅を始めたのは2023年4月。それまでお金を貯めて、会社をやめて、車を買って

DIYってやつをして、けっこう頑張って準備してたみたいにゃ。僕の弟子なだけあるぜ！

弟子たちは、旅を始める前から「ゆーちゅーぶ」ってやつに動画を投稿してたみたいにゃ。DIYや旅の様子を発信していたら、応援してくれる「しちょうしゃさん」が増えたらしい。各地に弟子希望が増えて大変だにゃ。まあちょっと嬉しいけどにゃ。観てくれる人間が増えたのは、動画に出演してやった僕がかなりかわいいからでもある。感謝しろよにゃ。

で、「脱サラして、ねこと日本一周する人間の夫婦」なんてあんまりいにゃいから、ゆーちゅーぶを観ていた「へんしゅーしゃ」ってやつが声をかけてきて、本を出すことになったらしい。

そんで、僕が、「はじめに」を書いてやってるってわけ！　ま〜ったく、世話が焼けるにゃ！

人生は一度きり。後悔しない毎日を生きるための旅

弟子たちが言うには、旅を始めた理由は「人生は一度きりだから」にゃんだってさ。

僕が弟子たちの面倒を見ると決めたとき、2人は「だいがく」に通ってたにゃ。

弟子たちがだいがくを卒業するちょっと前、世界中で「新型コロナウイルス感染症」ってやつが流行したらしい。2人が「かいしゃいん」ににゃってからも、コロナは世界中でたくさんの犠牲者

を出したにゃ……。

実は、チャンが生まれたのはベトナムってゆー国。僕と出会うずーっと前に、チャンは家族で日本に来たにゃ。仕事の都合で両親はベトナムに帰ったから、チャンはなかなか、親や親戚に会うことができにゃい。

そしてコロナ禍。親戚のおじさんが、コロナで亡くなってしまったにゃ……。遠く離れて住んでいたおじさんと、ついに会えないまま、さよにゃらをすることになってしまったってこと。このとき、チャンはかなり落ち込んでたにゃ……。

そしてチャンは、**「明日死ぬことになって、今日が人生最後の日なんだって考えたら後悔する」**と確信したらしい。**仕事ばかりの毎日で、会いたい人にも会えなくて、見たい景色も見れにゃい。そんなままで人生が終わるのは嫌にゃ！**　って思ったんだって。

この時期、チャンとじろーは東京と大阪で「えんきょりれんあい」をしてたにゃ。

じろーが働いていたのは、大阪の「じゅく」って場所。人間の子どもに勉強を教える場所で、最初は慣れなくてかなり大変だったらしいにゃ。じろーもここで働きながらいろんにゃことを考えて、最終的に**「いつ死ぬか分からないから、夢を優先しよう」**と決意したんだってさ。弟子たち2人の思いが、同じになったってわけ。

そして、弟子たちはかいしゃいんという安定を捨てたにゃ。お金もないのに無謀な選択だよにゃ、まったく。

でもさ、僕も思うんだけど、**チャンスは一期一会**にゃ。安定した生活もいいけど、**目の前にチャンスが飛び出してきたときにすぐ手を伸ばせる身軽さも、大切にゃ。**

僕みたいに今が毎日楽しくて充実してるならいいんだけど、**「明日人生終わったら後悔する」とか「ほかにやりたいことがあるのに」って思いにゃがら生きている人も、いっぱいいると思うにゃ。**いつしか、そういう毎日に慣れてしまうんだよな。ん〜、分かるぜ。

この本では、弟子たちのこれまでの人生や日本一周旅の様子をいっぱい紹介してやるにゃ。もちろん、僕の情報も載ってるぜ〜。みんにゃ知りたいでしょ！

脱サラして旅に出た弟子たちの飾らにゃい姿を見て、みんにゃにも**人生の「ゆうせんじゅんい」を考え直してみてほしいんだにゃ。「こういう生き方もあるんだな」と選択肢が広がって、夢見てきたにゃにかに挑戦する勇気が出たり、今の生活をもっと頑張ろうと思えたりしたら、僕は幸せだにゃ〜！**　じゃ、また後でにゃ。

日本一周するねこ・ジョン

CONTENTS

002　はじめに

CHAPTER 1

2人と1匹の飾らない過去

012　JIRO　野球少年、英語力をつけるべく"国内留学"
016　TRANG　ベトナムから日本へ！　親と離れ、日本で暮らす決意
022　JIRO　僕の人生を変えたバイト先での出会い
024　TRANG　バイトが長続きしない私の「自分でお金を稼ぐ」試練！
030　TRANG　似たもの夫婦・チャンとじろーの出会い
036　JOHN　僕と弟子たちの出会い
040　ジョン君徹底解剖！　なでなでマップ
042　JIRO　僕を救った「日本一周」の目標
048　TRANG　ベトナム人ってだけなのに……
056　TRANG　バンライフへの憧れが、現実につながった

CHAPTER 2

美食、景色、出会い……旅の思い出

060 JIRO ついにスタートした、「移住先」を探す旅

066 千葉
068 茨城
070 静岡
072 愛知
074 三重
076 福島
078 北海道 道南
079 北海道 道央
080 北海道 道東
082 北海道 道北
084 青森
086 秋田
088 埼玉
089 神奈川
090 大分
092 宮崎
094 鹿児島
096 熊本
098 長崎
100 佐賀
102 福岡

104 春夏秋冬 シーズンごとのおすすめ情報
106 部門別 絶品グルメランキング
109 サウナ付き 温泉おすすめ4選
110 一生に一度は行きたい絶景ランキング
112 定番車中泊メシ チャンちゃんクッキング!

113 JIRO 今後の旅行計画
114 JIRO 旅中に衝撃を受けた「生き物」と「方言」
116 TRANG 旅を通じて変化した、夫婦の価値観

CHAPTER 3

お金は？ 健康は？ くるま旅ライフハック

122 JIRO 長期くるま旅のライフハック
128 JIRO 人間の暑さ・寒さ対策
132 TRANG 車に住んだら、不健康になった!?
140 JIRO 1日&1週間のルーティン
142 TRANG 雨の日は「アナグマモード」で、ゆったり楽しむ
144 JIRO ちゃんじろー流・マップ活用法
146 TRANG 気になるお金事情
154 TRANG ずっと一緒にいて喧嘩しないの？

CHAPTER 4

ねこちゃんと旅をするということ

158 TRANG 爆誕！ 日本一周するねこ
160 TRANG ジョン様の日本一周予行練習
164 JOHN 僕の車生活に欠かせない5つのアイテム
166 TRANG ジョン様と一緒にフェリー旅！
170 JOHN プロフェッショニャル 僕の仕事の流儀
172 JOHN 僕のこだわりの作業着
174 JOHN 僕とおでかけするなら
176 JOHN 僕の暑さ・寒さ対策
178 JOHN 目指せ、30歳まで生きるねこ！
182 JIRO ジョン君は僕らの招きねこ
184 TRANG ねこと一緒の旅は、覚悟を持ってスタートしよう

CHAPTER 5
バンライフを始めるまでの100日間DIY

188 JIRO 2年半で300万円貯めた節約術

192 TRANG 立ちはだかるビザという壁

196 FUFU号徹底解剖! DIYの道のり

200 JIRO 人生初のマイホーム兼マイカー購入!

202 TRANG 塗装で世界に1つだけの花柄デザインに!

204 TRANG 地味にすごい! DIYの下地づくり

206 TRANG DIYはプロの力を借りて! 師匠との出会い

208 JIRO ソーラーパネルで電気を自給自足!

210 TRANG 熱血! キッチンづくり合宿

212 JIRO 最後の難関! 壁とベッドづくり

214 TRANG どんな景色も映画になる窓枠

216 TRANG 最後まで手を抜けない! 収納づくり

218 JIRO 僕らが出会いに恵まれている理由

220 おわりに

※本書に掲載している情報は
2024年8月現在のものです。
※紹介したスポットやメニュー、サービスなどは
変更になる場合がありますので、
おでかけ前に確認してください。

CHAPTER 1

2人と1匹の飾らない過去

JIRO

野球少年、英語力をつけるべく〝国内留学〟

はじめまして。「じろー」です。

僕は、**横浜生まれ・湘南育ち**。生粋の神奈川県民です。3兄弟の次男として生まれ、小学校〜高校までずっと**野球**をしていました。中学時代には、全国大会に出るような強豪野球チームで活動。強豪ということもあり指導が厳しく、そこでしごかれた経験から、けっこう根性がつきました。

高校3年生で部活を引退するまで、僕はずっと野球しかやってきませんでした。あらためて自分がやりたいことを考えたとき、思い浮かんだのが**「海外に行ってみたい」「国際的なことを学んでみたい」**という思い。

家族が旅行好きだったので、小さい頃に海外旅行へ行ったことがありました。そのとき「英語をしゃべれるようになりたい」と憧れたことを、ここで思い出したのです。

思い切って留学してみようか……とも考えましたが、野球ばっかりで全然勉強をやってこなかったので、当時の僕は英語力皆無。こんな状態で留学は無理だなと思ったとき、のちに母校となる「立命館アジア太平洋大学」（以下「ＡＰＵ」）を知りました。

ＡＰＵは大分県別府市にある私立大学で、学生の約半数が外国から来た留学生。日本にいながら、留学しているような環境で過ごすことができます。しかも、学力だけでなく、これまで頑張ってきたことや大学生活への意欲もアピールできる「ＡＯ入試」（当時）があることを知り、僕は「絶対にここに行きたい」と受験を決意。ひたすら熱意を伝え、無事合格することができました。

ＡＰＵでの生活が始まり、僕は寮に入ることになりました。

同室になったのは、ベトナム人とインドネシア人の留学生。共同生活なので、嫌でも英語を話さないといけない環境です。

僕は、特にインドネシア人のシェアメイトから英語をたくさん学びました。彼が日本に来たのは、日本のアニメが大好きだったから。日本語を理解したい彼と英語を学びたい僕は需要と供給が一致し、お互いの得意な言語を教え合う関係に。僕は最初から

「イェーイ」と近寄っていくのが苦手なタイプなので、おしゃべり好きの彼にはとても助けられました。

外国語を学ぶ上で、僕は**「覚えた表現を試しに使ってみる」という経験が大事**だと思います。通じるかどうかは実際に使ったほうが早く分かりますし、通じなかったら理由を考えたり、相手に直してもらったりできます。

僕の場合は、このインプットとアウトプットが両方できる環境に飛び込んだおかげで、急に英語で話しかけられたときにとっさに対応できるくらいまで上達しました。

留学生との共同生活で身に付いたのは、英語力だけではありません。いろんな文化的背景を持つ人がいるので、何かイレギュラーが起きても受け入れることのできる対応力・柔軟性が身に付きました。

たとえば、ＡＰＵの学食には必ずハラルメニューがあります。ハラルメニューとは、イスラム教を信仰している人も安心して口にできる食事のことです。大学に入るまで意識したことがなかったけど、ＡＰＵでは宗教や異なる習慣を尊重するのは普通のこと。

異文化が身近にあるので、自分にとってもそれが当たり前になります。
また、大学には性的マイノリティを公表している人もいました。自分とは異なる生き方をしている人が周りにいることを知り、僕の視野は広がっていきました。

母いわく、小さい頃はとにかく偏食で困っていたんだとか。焼きそばは麺だけを食べたり、おにぎりも具が食べられなかったり……。遊ぶときにも、公園には行きたがらず、黙々と1人でLEGOをやる子だったそうです。

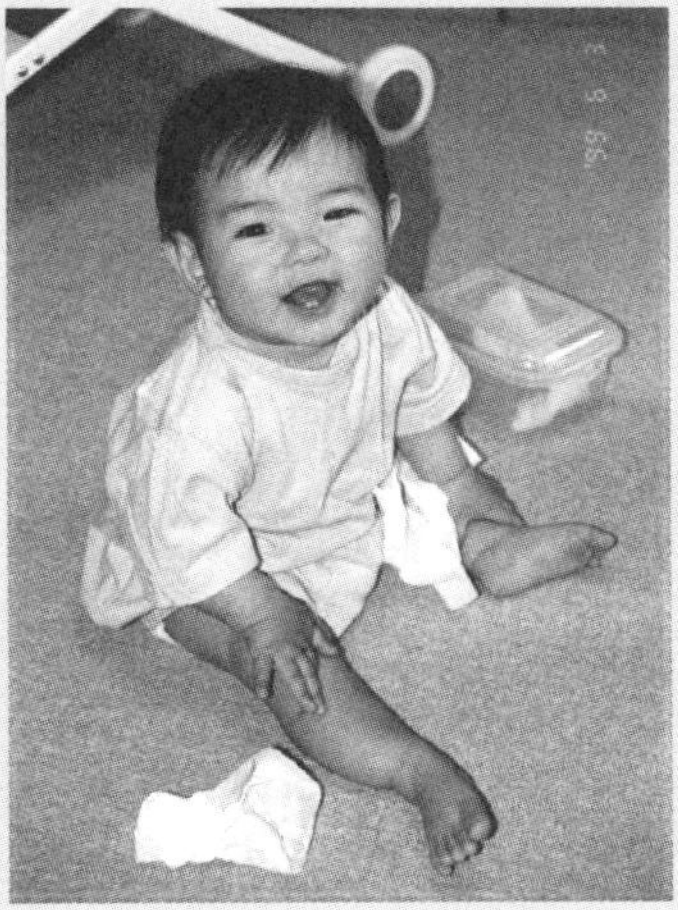

最後の夏の大会。実は四番打者でした(笑)。

TRANG

ベトナムから日本へ！ 親と離れ、日本で暮らす決意

はじめまして！「チャン」です。

私の故郷は、**ベトナムの首都・ハノイ**です。ハノイは昔ながらの建造物が今も残る、歴史を感じる街。日本でいうと、京都みたいなイメージかな～。うちは家族みんな、特にお父さんは自然が好きで、私も裸足で山に登ったり、ウサギやねこ、鶏とたわむれたり……そんな、**野性味あふれる子ども時代**を過ごしました。

日本に来たとき、私は中学1年生。ベトナムは小学校が5年制なので、日本でいう小学6年生です。日本に行くきっかけは、外交官をしている父の赴任が決まったこと。急に「来月から日本に行くよ」と言われたのですが、当時の私は「日本ってどこ!?」みたいな状態。「3年間だけだから！」と言われ、1週間もしないうちに学校をやめ、先生や友達に別れを告げ、あれよあれよという間に日本へ……。

もちろん、ベトナム以外の国に住むのはこれが初めて。そんな状態で、いきなり日本の普通の小学校に入学。もちろん、日本語なんて分からない！　こうやって、私の日本生活がスタートしました。

日本に来て**一番びっくりしたのは、小学生が1人で外を歩いていること**。

ベトナムはバイク移動が基本なのもあって、子どもだけで外にいるのは危険。大人になった今の私でも道を渡れないレベルでバイクがびゅんびゅん走っています。それから、小さい頃は「1人でいると悪い人にさらわれるぞ！」とよく脅されていました。

ベトナムでは、登下校は行きも帰りも家族のバイクで送り迎えだったから**「自分で歩いて帰る」ことがすっごく自由に感じられて、楽しかった**です。慣れるまでは、ちょっと怖かったけどね。

ただ、学校はちょっと苦労したな～。

今でこそベトナム語より日本語のほうが得意だけど、日本に来た当初、私は日本語でのコミュニケーションが全然取れませんでした。

日本語を話せず、見た目もちょっと違うので、日本人の子どもからしたら、私はなんだか宇宙人みたいに見えたのかな？　少しだけ、いじめみたいなこともされました。助けてくれた子もいたけど、私は自分を出すことができず、みんなのように輪の中に入ることはできませんでした。


でも、ずっとこんな状態じゃダメだ！　と一念発起。

中学校に入学したことを機に「友達をつくろう！」と決意し、バレーボール部に入部しました。**スポーツのいいところは、言葉が通じなくても仲間になれること。**部活を通じて友達ができ、私の日本語力も少しずつ上達しました。バレー部員だった友達とは今でも仲よくしています。

ただ、まだ日本語をペラペラ話せるわけではなかったので、初対面の子としゃべるときは緊張していました。心を開いて、誰とでも話せるようになったのは、中学を卒業してからです。

ベトナムに帰る？　日本に残る？　15歳の決断

中学3年生、私は大きな決断をすることになります。父の任期が終わり、両親がベトナムに戻ることになったのです。迷いに迷って、私は日本に残ることに決めました。

日本に来たばかりの頃、私は「早くベトナムに戻りたい！」と思っていました。でも中学でバレー部に入って日本にも友達ができ、私にとって彼女たちの存在がとても大きくなりました。むしろベトナム時代の友達は連絡先も分からないし、戻ったところで、人間関係を一から築き直さないといけない。

しかも、私のベトナム語レベルは小学6年生でストップしています。今からベトナムに帰ったところで、上手にコミュニケーションが取れるか不安でした。

日本にも慣れてきたし、仲のいい友達がいるし、部活も楽しいし、日本に残りたい！

そう思って、私は日本を選んだのです。

加えて、姉が日本で働いていたことも私を後押ししました。

姉は12歳離れていて、私が日本に来る前から、日本の大学に留学していました。卒業後、姉はベトナムに帰らずそのまま就職し、東京で働いていたのです。私は小さい頃から、海外に留学して活躍している姉に憧れていました。小さい頃あまり一緒に過ごせなかった分、日本で一緒に暮らせたらいいなと夢見ていました。

日本の高校に進学することを決めた私は、姉と一緒に住み始めることになりました。

私にとって、姉は〝親〟みたいな存在。一緒に住み始めてからはお金の管理もしてくれたし、料理もしてくれたし、なんでもかんでもお世話をしてくれました。

今でこそすごくありがたいことだと分かるけど、当時の私はちょっと姉をうっとうしく感じていました。「帰りが遅い！」と怒られるなど、不自由さもあって……。遊びたい盛りの高校生だった私には、ちょっと煩わしかったんです。本当は大好きだったのに、親がいない2人暮らしだから喧嘩が増えてしまいました。

でも今は、姉とはすごく仲よし！　姉は結婚して子どもがおり、現在は茨城県で暮らしています。会社をやめてからは、会いに行けることが多くなって嬉しい！

お家のお庭で
よく遊んでました！

小さいときから肉食。
特にスペアリブみたいな
骨付き肉が好き！

ここ数年で、私は**「自分はベトナム人である」というアイデンティティー**を感じるようになってきました。

高校時代は思春期だからなのか、みんなと違うのが嫌で、私はベトナム語が嫌いでした。「絶対にベトナム語をしゃべらない！」と決め、家でも日本語を使っていたほど。大学時代は特に、ずっと日本語で話していました。

でも、社会人になってからはむしろ「ベトナムを忘れちゃいけないな」と思うようになったのです。

そこから、家族との会話では積極的にベトナム語を使うようになりました。日本生活の長い姉とも、以前は日本語で話すことが多かったけど、最近はベトナム語を使うように。実はこれがすごく便利だってことに気付いたんです。じろー君の前で堂々とじろー君の話ができたりもするんですよ（笑）。

JIRO

僕の人生を変えた バイト先での出会い

大学生活を振り返ると、異文化交流のほかに僕の生活を構成していたのは**サーフィンとバイト**です。

入学後にサーフィンにハマリ、毎週のように、週末は大学のある大分から宮崎までドライブ。**車中泊をしながら仲間とサーフィン三昧**という生活を、4年間続けました。

それから、ステーキ店で4年間、生花店で3年間バイトをしました。

バイト経験は、僕の人生に深い影響を与えました。

ステーキ店「そむリ」は、僕にとって初めてのバイト先。ここのマスターは今も僕の活動を応援してくれています。ステーキ店でバイトをして、**お客さんに「ありがとう」「おいしかったよ」と言われることがとても嬉しくて、お客さんが喜んでくれたときに**

僕は幸せを感じるんだと気付きました。この気付きが、今の活動にも生きています。

大学2年生、生花店でも働いてみたいと思った僕は、別府の街中を自転車で徘徊。いろんな店を見て雰囲気が一番素敵だと思ったところに、**「給料いらないので働かせてください！」**と飛び込んだのが、生花店「華つねまつ」でのバイトの始まりとなりました。

この生花店は、地元の皆さんにものすごく愛されているお店。ご夫婦で経営していて、社長も奥様も本当に温かく、今でも本当の家族みたいに僕をかわいがってくれています。お2人は花を売るだけでなく、展示できる場をつくるなど〝作家さん〟の多い別府に合わせた活動をしています。街の「習い事をしたい」という需要に応え、ピアノやお琴の教室なども開いています。大学生だった僕は、2人の姿を見て「夫婦で一緒に何かやるっていいいな」と思ったのです。

そのとき抱いた憧れが今につながっていると思うと、ご夫婦との出会いは僕の人生を変えたと言ってもいいかもしれません。生花店のご夫婦は、僕にとって目標みたいな存在。理想の夫婦です。

TRANG

バイトが長続きしない私の「自分でお金を稼ぐ」試練！

初めてバイトをしたのは、高校1年生のとき。当時は姉がお金を管理していて、私が自由に使えるお金はあまりありませんでした。お小遣い制で、「皿洗いをしたら100円」という小学生みたいな制度！　どうしても必要なときに3000円もらって遊びに行くみたいなことはあったけど、ご飯や買い物など友達付き合いも増えてきた女子高生には全然足りませんでした。私が入部したダンス部はかわいい子ばかりで、置いていかれないように、みんなと同じになりたくて必死だったんです。

自分で稼がないと自由に遊ぶこともできないので、ティッシュ配りや抽選会のスタッフ、バレンタインなど催事イベントのスタッフ、お寿司店でのバイトなど、さまざまな働き方を試しました。いろんな経験をしたかったたし、新しいことが好きな性格なので、とにかくたくさんのバイトをやってみました！

そんな高校生活を過ごし、進学する大学を決めるとき。日本語でコミュニケーションを取ることにも慣れた私は、ベトナム人が周りにいる環境で母国語も練習したいと思うようになりました。

卒業生である姉が楽しそうだったこともあり、様々な国の人と関わることのできるAPUの環境に魅力を感じました。

さらに、APUは奨学金制度が豊富で、返還義務のないものもあります。両親に金銭面で負担をかけたくないという思いにも合っていました。

だけど、APUがあるのは大分。小6〜高校生まで過ごした東京からは、遠く離れています。友人と離れるのが嫌だったので別の大学も探したのですが、なかなか条件に合うところを見つけられず……。私はAPUを第一志望にすることにしました。

ちょっと不本意な思いも抱えながら入学したのに、ここで出会ったじろー君と結婚して日本中を旅していると考えると……ほんと、**どこで重要な出会いがあるか全然分からない！**

APUに入学後、私はすぐにバイトを探しました。それまではお姉ちゃんが管理してくれていたので、自分で携帯代や家賃を管理するのは初めて。両親からの仕送りは月3万円ほどだったので、日本ではなかなか生活できません。APUのある別府は物価が安いのでなんとかなりましたが、お金の管理には苦労したなぁ……。

固定観念にとらわれない働き方

ある仕事を始めたことが私の転機になりました。それは、**ネイル**。

同じ寮の友達に趣味の延長でネイルを塗っていたのが仕事の始まりでした。金額は500～1000円くらいの安い値段で、最初はまるでおままごとみたいな感じ。ありがたいことに、それが徐々に評判を呼び、インスタグラムの投稿がきっかけで寮生以外にもお客さんが広がり、知らない人がどんどん来てくれるようになって……。

自分も好きなことができて楽しいし、「これはいい！」と本気になった私。

2年生で寮を出て1人暮らしをするようになってからは、ネイル用の机や用具をそろえ、自宅をサロン化。途中からはコワーキングスペースを借りて、そこでお客さんにネイルをしていました。ネイルサロンのバイトも始め、インスタのアカウントをつくり、

４年生のときには試験を受け、技術も向上し、単価も上がり……最終的に、大学とは関係のない一般の方からも予約をいただけるようになりました。

留学生でも、学費や生活費を稼ぐ目的で、いくつかの条件をクリアすれば、このような働き方もＯＫだったのです。

ネイルをすること自体も楽しかったのですが、**自分の技術をビジネスに変えられることも新鮮**でした。それまでのバイトとは全然違うお金の稼ぎ方ができるのが嬉しくて、ネイルの仕事だけは４年間続けることができました。

それから、一時期**「17ＬＩＶＥ」**もやっていました。これは、誰でもできる配信アプリ。自分が好きなタイミングで、ライブ配信ができます。

「17ＬＩＶＥ」が日本に入ってきたのは、私が大学1年生のとき。当時、国内ではまだやっている人が少なかったので、試しに配信を始めてみました。

配信人口が少ないタイミングだったのもあってか、本社から「公式ライバーになりませんか？」とお誘いいただき、本格的に活動するようになりました。

公式ライバーとしてイベントに参加するなど、日常的に配信するようになると、時給に加え、投げ銭が入ってどんどん稼げるように。**ライブ配信はリスナーさんとの距離が近くて、自分の悩みを打ち明けたり、逆にリスナーさんの相談に乗ったりすることがとても楽しかったです。**

ただの大学生の歌やおしゃべりを応援してくれる人がいる、そして、**自分が他人に影響を与えている**ということに勇気づけられました。

ほかのライバーさんと出会って、芸能活動に興味を持つようにもなりました。だけど、学業との両立が難しく、長く続けることはできませんでした。

このように、私は一般的な大学生とはちょっと違うお金の稼ぎ方をしていました。友達にはコンビニエンスストアや飲食店などでバイトをする人が多かったけど、私はみんなと違う経験がしてみたかった。ネイルや配信といった、**自分に合うやり方を見つけることで、楽しくお小遣いを稼ぐことができた**のです。

今思うと、当時の考え方は今にもつながっているな〜。**会社員以外にもお金を稼ぐ方**

法はあって、固定観念にとらわれる必要はないこと。そして**自分の特技や好きなことを仕事にできる**ことを知っているから、思い切ってチャレンジができるのかも！

昔から私を応援してくれている人も数人いて、それもすごく力になりました。**私が何をやるにしても、応援してくれる人が数人でもいる。**じゃあ、**旅を始めることも全然不安じゃない！**

その根拠なき自信は、仕事をやめて旅に出るチャレンジを後押ししてくれたのです。

17LIVEでトップバナーを出してもらったことも。

みんなの手元がかわいくなって帰っていくのが嬉しかった！

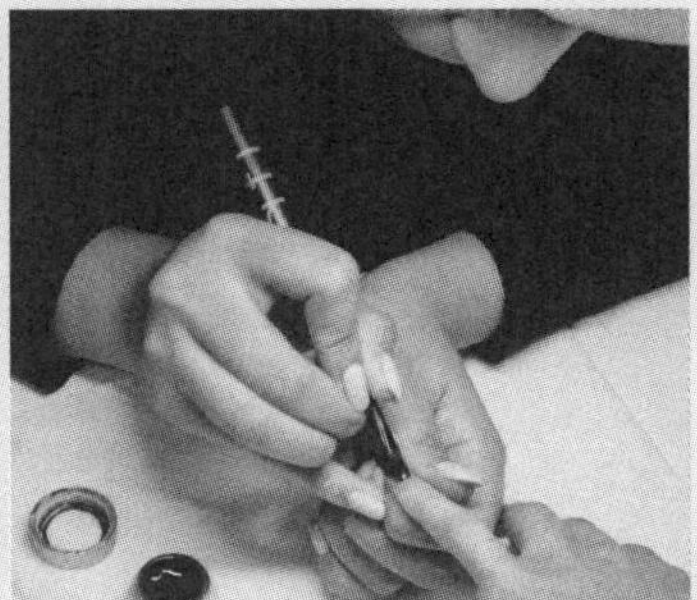

TRANG

似たもの夫婦・チャンとじろーの出会い

私とじろー君が付き合い始めたのは、2018年11月。友達期間を経て付き合ったので、この本を書いている2024年現在、もう**7年くらい一緒に過ごしています。**

出会ったのは、APUの入学式。2017年4月のことでした。

APUは国際色豊かな学校で、留学生は自国の伝統衣装を身に着けて入学式に出席します。私も、ベトナム伝統のアオザイを着て参加しました。

じろー君の第一印象は「なんかチャラい!」。……というのも、じろー君の友達(今は親友)が私に「写真撮ろうよ!」と話しかけてきたのが出会いだったから。スーツとサングラスの集団を見て、そのときは「クラスの一軍的なイケイケ軍団」の一員なのかなと思っていました。

しかし、一緒の授業を受けて話す機会が増え、人となりを知っていくうちに、じろー君の優しさを感じるようになりました。最初に感じたイケイケ感もないし、話をいっぱい聞いてくれるし、落ち着いているし……。

私はけっこう感情の揺れ幅が大きいタイプなので、常に平常心なじろー君とは真逆。だからか、**「一緒にいると安心するな」**と思うようになっていました。

一方で、私とじろー君はすごく似ているところもあります。

たとえば、性格診断の1つであるMBTI診断（ネットでできる簡易バージョン）をすると、2人とも「ENFP（運動家）」タイプ。だから**考え方はかなり似ているけど、その表現のしかたが真逆**なのだと思います。私は感情のまま動くけど、じろー君は慎重に進めていく感じ。外から見たら似てないかもしれないけど、人間的にはすごく似ている。そんな関係性を心地よく思ったのです。

2人の関係が大きく動いたのは、大学2年生の冬。

たまたま同じ授業を取り、隣の席に座ることになったのがきっかけでした。

その授業を受けているのは1年生がほとんどで、2人とも知り合いはお互いだけ。自然と一緒に授業を受けるようになり、話す機会も増え、以前よりも仲が深まっていきました。

そんなある日、じろー君が**「コスモスが綺麗な季節だから、一緒に見に行こう」**と誘ってくれたんです。

正直、これが「デートの誘い」なのか「友達として花を見に行く」なのか、誘われたときは全然分かりませんでした。

後からじろー君が言っていたのは、「当時のチャンは日本のことをあまり知らなかったから、大分のいいところを見せたいと思った」とのこと。

そしてコスモスの日。

じろー君が車を出してくれて、コスモス畑に行ったり、紅葉を見たり、絶景のつり橋に行ったり……1日でいろんな場所をめぐりながら話をして、お互いのことがこれまで以上に理解できました。

その日を境に、授業以外でも会うように。そして、1週間後に正式に付き合い始めました。

じろー君は昔から「将来結婚する人とは友達スタートがいい」と思っていたんだって。しかも、大学生ながら「次に付き合う人＝結婚する人」という考えもあって、一緒にドライブしたときも「結婚したら……」という〝もしも〟話をたくさん共有しました。たとえば、結婚したら「友達家族でBBQやサーフィンをしたい」とか、「一緒に犬のさんぽをしたい」とか……（そのときはまだ犬派でした）。**普通だったら結婚を意識してから話すようなことを、付き合う前から話していたん**です。

私は正直、最初から結婚のことまでは深く考えていなかったです（笑）。

でもじろー君といると楽しかったから、告白を受けて、付き合うことを決めました。

付き合ってから1年と数か月後、新型コロナウイルス感染症が流行し始めました。

そのとき、私は1人暮らし、じろー君は友達と一軒家を借りてシェアハウスしていました。

大学の授業がほとんどオンラインになったため、じろー君の仲間たちは「家賃を払っているのがもったいない！」と実家へ。

家をなくしたじろー君がうちに転がり込んで、そのまま同棲がスタートしました。

その家は「6畳＋天井の低いロフト」とかなり狭く、普段は1階部分でネイルサロンをし、ロフトで寝るような生活をしていました。

バンライフは狭い空間で長時間一緒に過ごすので、それを苦痛に感じる人もいると思います。でも私とじろー君にとって、**同棲時代の家に比べたらバンは超～快適！**

まさか、あの時代のキツイ生活に感謝できる日が来るとは……（笑）。

入学式の記念写真。
若い!

実は初デートで私が大転倒(笑)。
めっちゃ恥ずかしかった〜!

2人とも
単位ギリギリで
卒業したのは
ここだけの秘密(笑)。
卒業できた嬉しさと、
明日から
遠距離になるさみしさが
交じる複雑な
気持ちだった。

JOHN

僕と弟子たちの出会い

はろー、ねこのジョンです。

僕は、はちわれ模様と、おとぼけな表情、わがままボディが超きゅーとな4歳のハンサムボーイ！

僕が生まれたのは、2019年10月頃。

最初の記憶は、真っ暗で狭くて、じめじめした場所。どうやってそこにたどりついたか、ぜーんぜん覚えてにゃい。ママや兄弟のことも、覚えてにゃいんだよね。気付いたら、そこにいたんだ～。

そのとき、僕は今よりもうーんとちっちゃい、赤ちゃんだった。

ねこ生の経験値も少にゃいし、にげる方法も分からにゃい。とにかく、**「出してくれ**

よ〜！」と大きな声で助けを呼んだんだ。

そこにやってきたのが、1匹の人間。

そいつは、のちに僕の弟子となる「チャン」だった。

チャンはにゃんだかすごく慌てた様子で、僕が閉じ込められている場所の屋根を持ち上げようとしていた。でも、あいつ力がにゃいんだよな〜。すぐに「じろー」とその仲間たちを呼んで、最終的に4匹の人間が集結。

4匹がかりでも屋根はなかなか持ち上がらなくて、みんにゃ焦ってた。「この排水溝、どうやって開けるの!?」「助けてあげなきゃ！」とか言ってたかにゃ〜。

僕は大声でいっぱいアドバイスをしたんだけど、あいつらぜーんぜん聞かないでやんの！　なが〜い棒を突き出してきたり、手を差しのべてきたり、「こっちおいで〜」とか話しかけてきたり……。

僕を外に出したいのは分かったんにゃけど、そんなんじゃ、なびかにゃいぜ〜。

最終的に、**人間たちは僕に向かって水を流しやがった！**

その水から逃げているところをチャンに誘拐されたんだ！

ついに、僕は真っ暗で狭い、あの場所から地上に出ることができたんにゃ。後から聞いたら、そこは**「かいもんじおんせん」っていうでっかいお風呂の近く**だったらしい。


最初にチャンが来てから、外に出られるまで2時間くらいかかったかにゃ〜。僕を助けるための雑な方法はおいといて、脱出できたことはよかった。

ま、感謝しといてやるかにゃ。


僕はぜーんぜん、1人でも生きていけると思ったんだけど、チャンとじろーが心細そうな顔をしてるんだよにゃ。ついには、「ジョン様〜」とか呼び出した。完全に、僕に懐いてしまったみたい。


ん〜……しかたにゃい。

僕は、2人を弟子にしてやることにした。

あいつらは「だいがくせい」で金欠だったのに、**僕のために ご飯や家を用意してくれた**。僕って、けっこう人情……いや、ねこ情深いところあるんだよね。あいつら狩りも毛づくろいもできにゃいから、弟子にして、一生面倒見てやるって決めたんにゃ。

そこから一緒に住むようになり、今は車で日本一周中。やれやれ、弟子たちに付き合ってやるのも大変にゃ……。

でも、あいつらといると全然飽きにゃい。車生活も意外と快適だし、引き続き付き合ってやるかにゃ〜。

＼と〜ってもかわいい僕の赤ちゃん時代。／

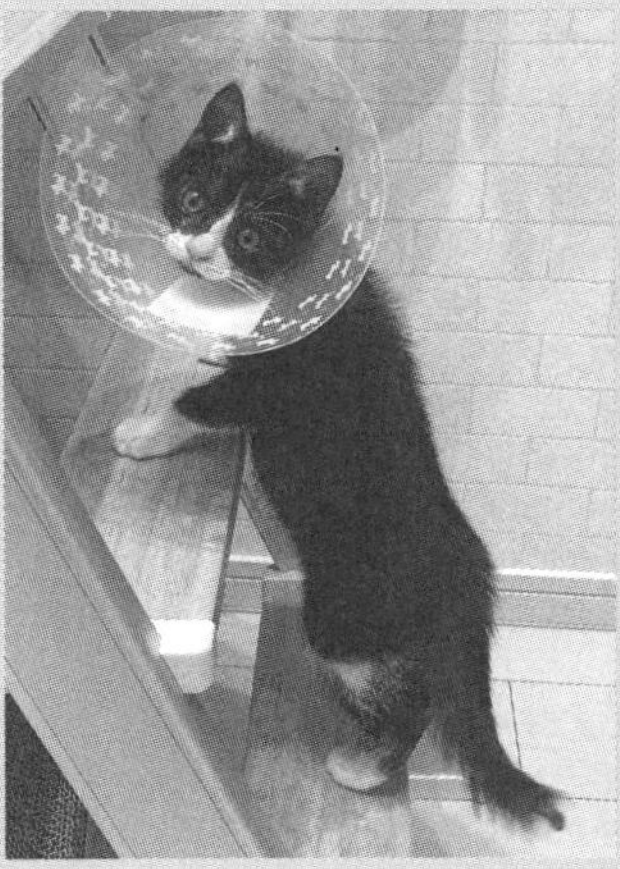

ジョン君徹底解剖！

NADE NADE MAP

なでなでマップ

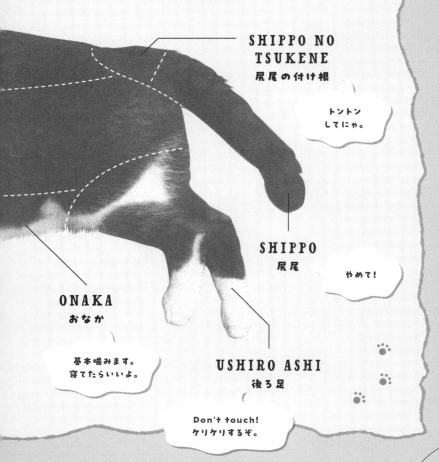

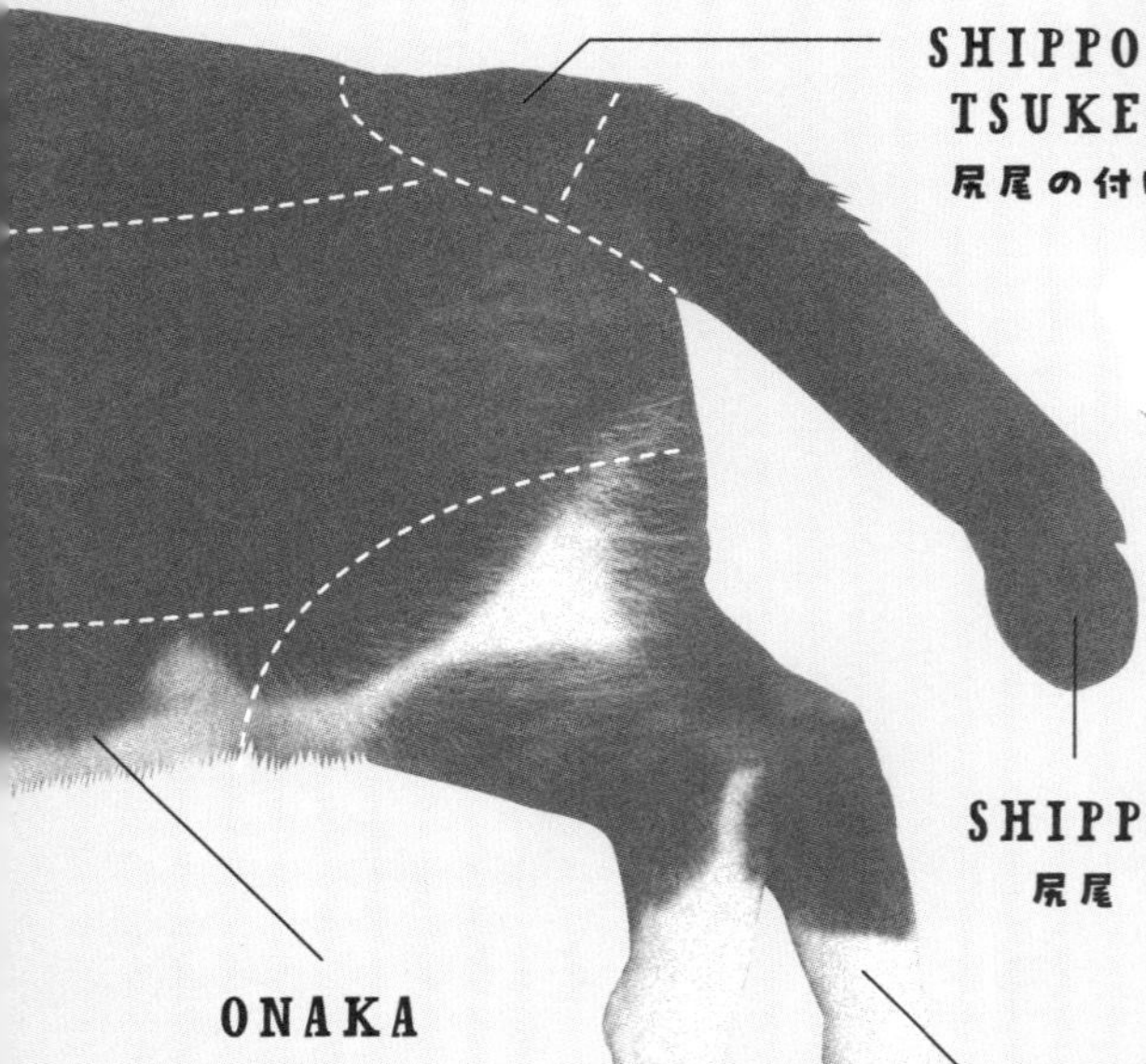

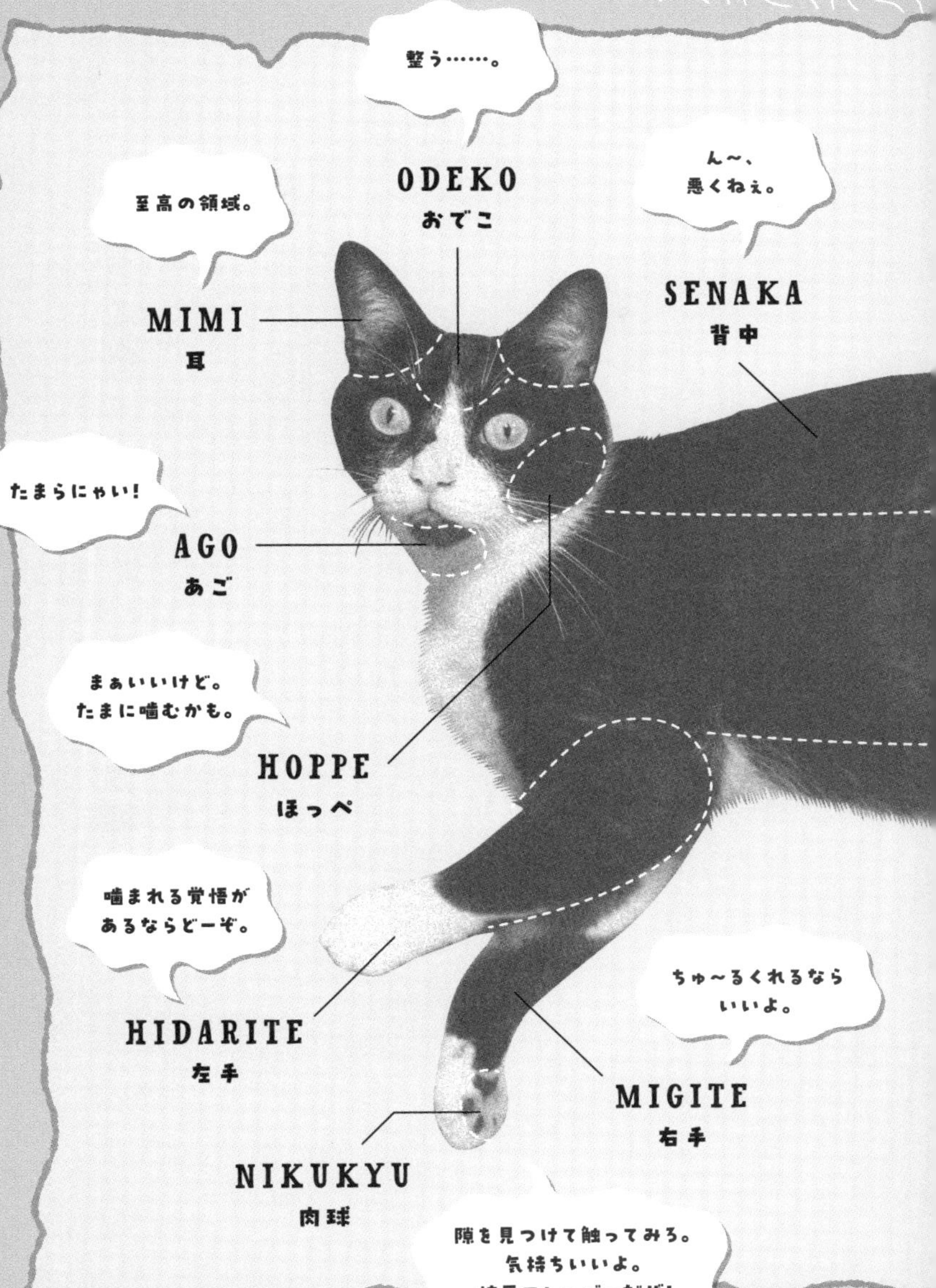
整う……。
ODEKO
おでこ
至高の領域。
MIMI
耳
ん～、
悪くねぇ。
SENAKA
背中
たまらにゃい！
AGO
あご
まぁいいけど。
たまに噛むかも。
HOPPE
ほっぺ
噛まれる覚悟が
あるならどーぞ。
HIDARITE
左手
ちゅ～るくれるなら
いいよ。
MIGITE
右手
NIKUKYU
肉球
隙を見つけて触ってみろ。
気持ちいいよ。
枝豆フレーバーだぜ！

JIRO

僕を救った「日本一周」の目標

大学生活も終盤に差しかかり、そろそろ卒業後の進路を考える時期。

当初、僕は**就職するつもりがありませんでした。**仲のよかった友人の大半が、就職せず自分でビジネスを立ち上げたり、留学をしたりと「就職」ではない道を選ぼうとしていたからです。周りの環境に流され、みんなが「就職しない」と言うなら僕も……と、ギリギリまで友人とビジネスをする道を考えていました。

しかし、両親に告げたところ猛反対。「絶対に一度は就職したほうがいい」と言われ、大喧嘩になりました。説得しきれずに僕が折れ、就職活動を始めたときには4年生になっていました。

そこで、僕は「何になりたかったんだっけ?」と自分と向き合うことになります。

僕が人生で最初に抱いた夢は、**プロ野球選手**。子どもの頃から野球をやっていたので、当然のように憧れていました。しかし、すごい選手を目の当たりにして、中学、高校と学年が上がるごとに「自分には無理なんだ」と実感していきました。

じゃあ、僕がやりたい、向いている仕事ってなんだろう？

僕は、かつて抱いていた夢をもう1つ思い出しました。

それは、**小学校の先生**。この夢は、小学校4年生時の担任の影響です。すごくいい人で、僕は先生のことが大好きでした。

先生に憧れていたことに加え、両親や友達から「教えるのが上手」と褒められたこともあり、「もしかしたら向いているかも」と思うように。

教育業界への興味がむくむくと大きくなりましたが、僕は教員免許を取得していません。となると、今から教師を目指すことは難しい……。

一般企業に勤めながら教育に携わる道を模索し、僕の就活がスタートしました。

上手くいかない就職活動

教育関連を中心に就活をスタートしたはいいものの、当時僕が描いていたビジョンは付け焼き刃。教育に携わりたい気持ちは本物だったけど、じゃあ何を実現したいのか？どんな仕事をしたいのか？　そう問われると、どうしてもふわっとしてしまいます。

就活は全然うまくいかず、チャンが先に内定をもらったこともあり、精神的に落ちてしまった時期もありました。

チャンも、当時の僕を見て「大丈夫かな？」と思っていたんじゃないかな。

コロナ禍のため、面接はほとんどオンライン。同棲しているので、僕の面接はチャンにも丸聞こえです。僕は**なんでも正直に話してしまう**ので、質問の答えが分からなければ「分かりません」と言うし、目標を聞かれたら、素直に自分の夢を語っていました。

最終的に入社したのは、対面面接をやっていて、僕のありのままを受け止めてくれた企業。

それは、大阪の進学塾でした。

チャンの一言で気持ちが変化

僕が入社した塾は、「自分で考える力を身に付ける」ことに力を入れていました。受験に向けて暗記をさせるような、詰め込み型の授業はしません。重視していたのは、グループワークを通しみんなで1つの答えを導き出すような、「考える力」。僕はその方針に共感し、入社することにしました。

ただ、働き始めるといきなり現実の厳しさにぶち当たります。

僕は文系だったのに、なぜか数学を担当することになったのです。レベルの高い生徒が多く、自分より数学知識のある生徒に教えなければならなくなってしまいました。

そのため、翌日の授業に向けて毎日夜遅くまで準備をすることに。そもそも授業で使う問題を解けないので、理解できるところまで勉強する日々……。睡眠も足りないし、プレッシャーはハンパないし、最初はかなりつらい毎日を送りました。

さらに、その塾は休みが日曜だけ。夜遅くまで働き、家に帰れるのは深夜でした。それが週6日続くのです。東京で働くチャンとも全然会う時間を取れないし、大学生活からのギャップも激しすぎる。僕は、完全に五月病になってしまいました。

3月に入社して1、2か月くらいしか経っていないのに、5月にはもう「やめたい」と思うようになってしまったのです。

そんなとき、僕に希望を与えたのがチャンの「会社やめて日本一周しよう！」という言葉でした。この言葉のおかげで、**「お金を貯めて日本一周するために仕事を頑張ろう」**と仕事に向き合えるようになりました。

すると、**あんなにつらかった仕事がどんどん楽しくなった**のです。

元々は「すぐにでもやめたい！」という状態だったのが、「今年いっぱいは働こう」「キリのいい3月までは働こう」と延長。結局僕は2年目の9月までその塾で働くことになりました。

最終的に、僕の数学力は大幅にUP！ 難関校でもA判定が出るほどの実力がつきました。スーパーマーケットで買い物をするときの計算がちょっと速くなったりと、今でも少しは役に立っています（笑）。

最初は就職なんかしなくていいと思っていたけれど、会社に入ったことで、尊敬できる上司や同僚に出会えました。上司に教わった仕事への向き合い方も、今に生きています。やめても、みんな僕の今の活動を応援してくれていて、本当にいい環境で働けてよかったなと思います。

遠距離時代。
＼ 月に1回会えるのを楽しみに生きてた！ ／

TRANG

ベトナム人ってだけなのに……

小学生の頃、ベトナムで韓流ブームが巻き起こりました。

画面の向こうでキラキラ踊るアーティストたちに憧れ、私もよく家で踊っていたものです。実家には、カメラ好きな父が撮影した、音楽をバックに口パクしながら踊る私の動画が残っています（イタすぎて誰にも見せられない！）。

ダンスや歌を本格的に習ったことはありません。でも、ダンス部に入ったり、「17LIVE」で歌ったりと**表現することが大好き**でした。

漠然と**「有名になりたい！」**という思いもずっと抱いていました。

中学でバレー部に入り「バレー選手になりたい」と思ったこともあったけど、その根底にも「プロスポーツ選手＝有名人！」というイメージがあったのかも。

今、YouTubeで発信しているのは、当時の「有名になりたい！」という思いが反映されているのかもしれません。

高校に入ってからは、**美容が大好き**に。メイクアップアーティストや美容師、ネイリストなど、美容系の仕事に憧れるようになっていきます。このときの思いが、大学卒業後の進路に直結しました。

ビザ問題で絶たれたネイリストの夢

大学時代、私はサロンを開業してネイリストの仕事をしていました。深く考えず「私はこの仕事をやっていくんだ！」と思っていたのですが、思いもよらない壁にぶつかります。

それは、**ビザ問題**。

私はベトナム国籍のため、大学には留学ビザで通っていました。そのため、卒業後は新たにビザを取得する必要があります。

よくよく調べてみると、私の場合、**日本で就職しないとビザの申請が下りない**ことが分かりました。自営業でネイリストをやろうと思っても、ビザは取得できない……つまり、強制送還されてしまうのです。ベトナムに戻る選択肢はなかったので、私が日本にいるためには、絶対に就職する必要がありました。

「自分のサロンでネイリストを続けることはできないんだ……！」

そう気付いたときには、すでに大学４年生の春。ほとんどの友達が内定をもらっているタイミングで、私はやっと説明会やインターンの情報を調べ始めることに。

ここでやっと、私は「どんな企業で働きたいんだろう？」と考えます。

私が大学で学んでいたのは、観光学。それもあって観光系の仕事に興味があるけど、やっぱり美容もいいよな〜。ＣＡさんみたいなキラキラした仕事もいいなぁ……。

などなど、いろいろと考えてみるものの、**心の奥底では「会社勤めはしたくないな」と思っている私。**就活に乗り気になれず、自由そうな社風の会社を探していました。

そのときに見つけたのが、当時私がハマっていた美容系ブランド。そこは、優先的に選考に参加できるインターンを募集していました。

好きなブランドということもあり、私はやる気に。調べてみると、そこは年齢や社歴は関係なく、**積極的にアイデアや成果を出す人が評価される社風**でした。そんなところに魅力を感じ、インターンに参加。最終的に、内定をいただくことができました。

ほかにも大手化粧品会社を受けていたのですが、感情的に動く性格の私は途中で選考を辞退。じろー君と同じく**嘘のつけない性格**なので、本当に「行きたい！」と思える会社じゃないと、そこに合わせた志望理由を話すことができなかったのです。

面接の準備をしようにも全然うまくいかないので、「明日行くのや〜めた！」と勢いで辞退してしまいました。少し大人になった今では反省しています。

人間関係に悩み、鬱の診断

ＡＰＵを卒業し、私は内定をいただいた美容系ブランドに入社。美容部員として働くことになりました。

最初は、とにかく勉強の毎日。自社商品はもちろん、美容知識、接客など、新しいことをたくさん覚えなければなりません。

美容の知識がつくと自分のためにもなるし、好きな化粧品をお試しで使えるのも嬉しい！　新製品も先に知ることができるし、それらを人におすすめするのもワクワクする。美容部員として、お客様にメイクを施すのも楽しい！

入社当初、私はとても楽しく働いていました。アウトプットしたい性格なので、ＳＮＳで化粧品や美容情報を発信することもありました。それを「参考になった」と言ってくれる人も増え、充実した日々を送っていました。

私が楽しく働いている一方、じろー君は過酷な新入社員生活に悩んでいました。

ただ、会いに行こうにも、私は都内で働いているので大阪までの移動費がキツイ。家賃も高いし、美容系の仕事なので身なりにも気を遣う必要があり、思いがけない出費も多い……。貯金ができないので、じろー君になかなか会いに行けません。

私にとって、じろー君と過ごす時間はとても大切なもの。どんなに仕事が忙しくても、お金がなくても、遠く離れていても、本当は一緒に過ごしたい……。

このまま付き合っていて、私とじろー君の未来にはどんなゴールが待っているんだろう？　なんのために付き合っているんだろう？　会いたいときに会えないのに、なんで働いているんだろう……!?

最初こそ楽しく働いていましたが、じろー君との現状や将来を考え、私はどんどん仕事に疑問を感じるようになっていきます。

そんな中、会社に「大阪に異動したい」と相談したところ、「人に頼りながら生きる女性にはなるな」と反対されてしまいました。じろー君の存在を話したことで、「彼氏がいるからって、何を甘えたこと言っているんだ」と思われてしまったのです……。

仕事が楽しかったのは一瞬で、私は早い段階で転職を考えるようになりました。

そんなとき、じろー君と「会社やめて日本一周しよう！」の約束をするのです。

じろー君はこの目標を持ったことで持ち直しましたが、一方私はどんどんつらい環境に陥っていきました。

一番大きなきっかけは、2年目に入ったタイミングで店舗を異動したこと。じろー君が会社をやめて関東に戻ってくるはずだったので、「結婚相手と住むから」と引っ越し先に近い店舗に移らせてもらえることになったのです。

ただ、その店舗は人間関係がギスギスしており、裏で悪口を言われているなんてことは日常茶飯事。正社員の美容部員が私だけだったので、自分以上に社歴の長いアルバイトの方に指示をする立場になったときは最悪でした。

社歴的にも店舗的にも新入りなのに、立場だけは上。会社からは「正社員なんだから」

「みんなを引っ張っていきなさい」と言われますが、新入りだから店舗では雑用しか任せてもらえません。会社と従業員の板挟みになり、アルバイトさんたちからはひそひそと私をけなす会話が聞こえてくる……。**自分の希望で異動したものの、そこで待ち受けていた現実に私はついていくことができませんでした。**

お店の環境に耐えきれず、私は鬱《うつ》のような状態に。ご飯を食べているときや帰り道にぼろぼろ涙が落ちてくるなど、当時は本当にひどい精神状態でした。

最終的に、私は同じ店舗で働いていたスタッフの顔も見られない状態に。正式に「鬱」と診断され、退職。

じろー君との日本一周バンライフだけを頼りに、気持ちを保つようになりました。

就活中。
同じ表情をしてる(笑)!

TRANG

バンライフへの憧れが、現実につながった

私たちがバンライフで日本一周することを決めたのは、新卒入社してから約2か月後。5月末頃、病んだじろー君が「やめたい」と言い出したくらいのタイミングです。

私は**高校生のときから、インスタで海外の方が発信しているのを見てバンライフに憧れていました。**バンライフは、元々アメリカの文化。インスタを見ていると、自然豊かな森の中で車のハッチバックドアを上げ、そこでコーヒーを飲んだりするカップルの様子がよく流れてきました。

バンで暮らすまではいかなくとも、こういうデートがしたいなぁ……私は、そんなふうに夢見ていました。

じろー君と付き合いだしてからは、「これ、めっちゃよくない⁉」とくるま旅の動画をシェアすることも。深層心理に、ずっと**「いつかやってみたいな」**という思いがあったんだろうな。ただ、それを日本でできるとは思っていませんでした。

じろー君が仕事をやめたいと言い出し、2人の未来をどうするか考えていたとき。たまたまYouTubeを見ていたら、バンライフの動画が流れてきたのです。それを見て、〝ピン！〟と来た私。「分かった、これだ！」と、すぐじろー君に電話で共有しました。

そこからは、2人ともアイデアが止まらない。深夜だったのに4～5時間くらいしゃべり続け、明確にやりたいことがどんどん出てきました。「YouTubeを始めて、こういう動画をあげよう」「車はこうしよう」と、不思議なくらいワクワクして心が躍ったのです。

パーッと、明るい道が目の前に見えた、初めての感覚でした。

CHAPTER 2

美食、景色、出会い……旅の思い出

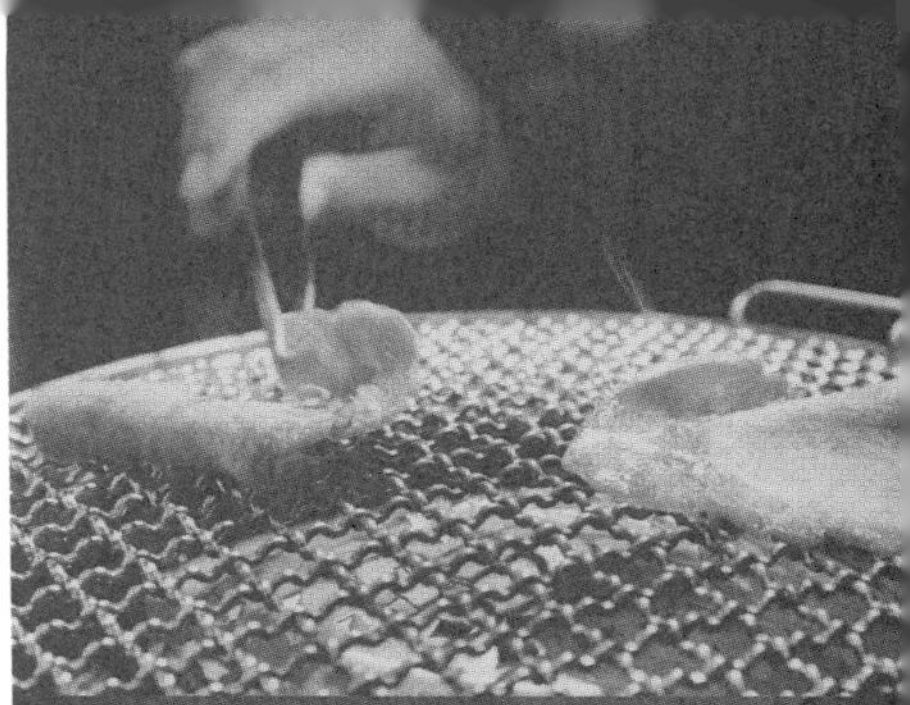

JIRO

ついにスタートした、「移住先」を探す旅

日本一周旅のスタートをきっかけに、僕とチャンは結婚し夫婦になりました。

旅に出る前にも、車を手に入れたりＤＩＹをしたりとたくさんの思い出があるのですが、それはまた後ほど。皆さん、旅の話が気になると思うので、さっそく一緒に各地をめぐっていきましょう。

日本一周のルート

この本では、僕たちが旅を始めた２０２３年４月から、ほぼ時系列にルートをたどります。

（神奈川↓）千葉↓茨城↓静岡↓愛知↓三重↓福島↓（宮城↓岩手↓青森）↓北海道↓青森↓秋田↓（山形↓福島↓千葉↓茨城↓静岡）↓埼玉↓神奈川↓（福岡）↓大分↓宮

崎↓鹿児島↓熊本↓長崎↓佐賀↓福岡（↓愛媛↓高知↓徳島↓香川↓愛媛↓宮崎仮移住なう）

下道旅の都合で通過しただけだったり、逆に何度も訪ねたりした都道府県もあるので、整理して紹介します！　この本で扱っていない部分は（）で囲っています。

「住みたい場所」を決める旅

旅に出る頃、僕らは2人とも仕事をやめて会社員じゃなかったし、しばらくくるま旅をするわけなので、決まった家もありませんでした。つまり、**これからどこに住むかは自由に決められる**ということ。**47都道府県、すべての場所に「住む」可能性があった**のです。

せっかくいろんな場所をめぐるのだから、**自分たちの目で見て本当に「ここに住みたい！」と思えるような場所で暮らしたい**。ただ住みやすいだけではなく、**自然の豊かさや人のよさなど、いろんな視点から考えたい**と思いました。

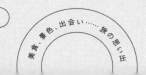

それから、いつかするかもしれない「子育て」についても考えました。

僕は教育の仕事をしたこともあり、**子どもは環境に大きく左右されるもの**だと実感しています。たとえば、自然豊かなところで育った子どもは、おおらかで元気に育つ可能性が高くなると思います。一方で、大都会の教育熱心な地域に暮らすと、子どもも「勉強しなきゃ」というマインドになるかもしれません。

夫婦となった僕らに、いつか子どもが生まれたとき**「どんな子育てをしたいか?」も考えながら、いろんな地域を見たい!**……ということで、**僕らの新婚旅行は「移住先を決める」目的を伴うもの**となりました。

旅先で見るポイントとは

では、移住するにあたり、各地でどんなポイントを見るのか? それは大きく3つあります。

まず重要なのは、**土地の「雰囲気」**です。たとえば、その地域に住む人としゃべったときの相性はいいか? 土地の食べものは合うか?

それから、僕たちの共通の趣味である**「サーフィン」ができる場所か？** ただサーフィンができるか否かではなく、**自分たちに合うサーフスポットかどうか**の見極めも重要です。

知らない人ともほがらかに「こんにちは〜」と挨拶を交わせる、温かい雰囲気のスポットが僕らのお気に入り。メロウな波をみんなで楽しめる場所が好きなんです。

「地元民のおすすめ」を聞くことも大切にしています。

僕らは、大学時代を観光地・別府で過ごしました。だからこそ分かるのですが、**観光客が行く店と地元民が通う店は違います。** もちろん人気の観光スポットも楽しみますが、道で出会った方に話を聞いたり、ＳＮＳでコメントを募集したりして、実際に暮らしている方と近い感覚で行き先選びをするように心がけました。

自分たちには何が必要で、何が必要じゃないのか？ と、**自身の価値観と向き合いながら、各地の魅力を全力で体感しよう**と決めて、僕らの旅が始まりました。

旅をするうちに、自分たちの「いい」と思っていたポイントが変化したこともあります。たとえば、最初は「田舎であればあるほどいい」と思っていました。自給自足をしながら自然いっぱいの環境で暮らすのが最高だと思っていたけど、実際それに近い生活をしてみると「僕らには合わないかも」と感じるように。あらためて考えてみると、僕らは外食をしているときに大きな幸せを感じるタイプで、ショッピングモールも好きだし、映画館で映画を観ることも好き。そう気付くことができたので、**「実際に住むなら、自然は欲しいけど、ある程度栄えた場所がいいよね」**と考えが変化しました。

この本を読んでいる皆さんは、移住目的ではなく、数日間の旅行として各地を訪れることが多いと思います。**僕たちが感動したスポットや、おすすめの穴場、気候などの情報もエピソードたっぷりでご紹介**するので、旅行を計画するときの参考にしてもらえたら嬉しいです。その土地ごとの思い出や出会いもお楽しみに！

摩周湖

CHIBA

2023 4月

千葉

日本一周は、千葉からスタートしました！
一言でまとめると、

千葉旅は「**初心者のミスだらけの旅**」。ワクワクいっぱいで旅を始めたのはいいものの、撮影したり編集したり、次の行き先を考えたりでキャパオーバー。車中泊スポットやお風呂に入れる場所を調べるのにも時間がかかって、とにかくグダグダな日々でした。「思ってたんと違ーう！」と泣きたくなるような状態。貯金も減っていくばかりだし、「これからどうやって生きていけばいいんだろう」と2人で頭を抱えました。YouTube収益化の目途はたたないし、DIYなどでお金を使い果たしてしまっていたから外食や観光で気分転換もできず……。理想のバンライフって言葉にするのは簡単だけど、すぐに叶えるのは難しくて、急に現実と向き合うことになりました。

そんな毎日でも、素敵な出会いがありました。**大変だったからこそ、いろんな人に助けてもらったことをはっきりと覚えています。**「**道の駅いちかわ**」では、人生で初めて、視聴者さんに「YouTube見てます！」と声をかけてもらいました！ 自分たちに会った

節約のために地元の食材をゲットして自炊！南房総ではスーパーの「近海の海産物」コーナーに釣れたばかりの魚が安く並ぶと教えてもらい、車で煮付けをつくりました。

シオンさん（仙人）と記念撮影！ご自宅にはギャラリーや薪ストーブがあって、私たちの理想の雰囲気で興奮。

旅のスタートはグダグダ、だけど出会いに恵まれた千葉

だけで泣きそうなくらい喜んでくれたひかりちゃんの姿に元気をもらいました。

　それから、私たちが〝仙人〟と呼んでいるおじちゃんにもすごく助けてもらいました。南房総の道の駅で声をかけてくれたのが出会い。長髪で仙人みたいな恰好をしているしグイグイくるので、実は最初「ヤバい人か⁉」と思ってしまいました……。ご自宅に招待してくれたときも、私は乗り気だったけど、危機管理担当のじろー君は構えちゃってました。でも、素敵な古民家で地元のお魚や自分で育てたお米をごちそうしてくれて、「物事の陰と陽のバランス」など、人生についていろんな深い話をしてくれて……。**初めて会ったばかりの私たちに、惜しみなく時間を使ってくれた**んです。世の中にはいろんな人がいるんだなぁ、面白いなぁと、学びがいっぱいでした。

「道の駅 みのりの郷東金《とうがね》」で出会った視聴者さんが山武《さんむ》産のイチゴを大量に差し入れてくれたことも記憶に残っています。人生で一番おいしいイチゴ！　と断言できちゃうくらい、甘くて驚きました。山武市はイチゴ狩り農園が有名で、東金と銚子を結ぶ国道126号線は**ストロベリーロード**と呼ばれているみたいです。

　思い返すと、千葉の旅は**人に恵まれていたなぁ**。

私たちの焦りをよそに、ジョン君はスヤスヤ……。

千葉では、ダーツで次の行き先を決める「ダーツの旅」をしていました。ドキドキで楽しかったけど、移動のコスパが悪すぎる（笑）。

仙人の田んぼで、農業のお手伝い体験！いただいた昨シーズンのお米がすっごくおいしかった……！

ジョン君もサーフィンする？

2023
5月

茨城

次に訪れたのは、茨城。チャンのお姉さんが茨城に住んでいるので、義姉宅を拠点に旅することに。ちょうどベトナムからチャンのご両親が来日したので、久しぶりに家族の時間も過ごせました！　会社員時代はなかなか家族に会えなかったので、チャンが楽しそうにしている様子を見て僕も嬉しかったなぁ。

　茨城は、僕らにとって**生きる知恵が身に付いた**ターニングポイント的な場所。いよいよ貯金がヤバいというタイミングで、どうしたら食費が浮くか考えた僕らの結論は「**自給自足**」。そこで、**初めての釣りにチャレンジ**することに。漁港に行き、釣り人にコツを教えてもらったら、なんとエサもつけていないのに100匹以上稚鮎《ちあゆ》が釣れた！　稚鮎は唐揚げになり、数日間の僕らの食料となりました。釣りは、**その時期に釣れる魚を狙うのがポイント**みたいです。

　魚を〝捌く〟経験もしました。生きた魚を締めるのも、内臓の処理も初体験。最初は抵抗があったけど、今では慣れてササッと捌けます（まだまだ遅いけど……）。**旅をしながらスキルが身に付くのは、くるま旅のいいところ**かもしれま

夜の「袋田の滝」は
ライトアップされていて神秘的！

日本一の長さを誇る
奥日立きららの里のすべり台
「わくわくスライダー」は
スリル満点のアトラクション！

釣り竿&リールは、「いっぱい
持ってるからあげるよ！」と
釣り好きの視聴者さんが
プレゼントしてくれました。
しかも、2セットも！
視聴者さんに支えられています。

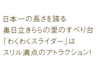

自給自足の節約生活ー！生きる知恵を学んだ茨城ライフ

せん。

潮干狩りではダンスみたいに足で砂をグリグリするだけでハマグリが簡単に取れて面白かった！

納豆の食べ比べもしましたが、僕たちは高級なものよりスーパーの安いもののほうが好きだったみたい。お味噌汁にご飯を入れる「**ねこまんま味噌汁ご飯**」にもハマり、茨城は、**節約術を磨く旅**でもありました。

チャンに起こしてもらって、朝日の名所・日立駅で喧嘩しながら朝日を見たのも思い出の1つです。**ガラス張りの日立駅からは、海から昇っていく朝日を見られます。**早朝なのに人でぎゅうぎゅうでしたが、とても綺麗でした。

茨城は、少し旅に慣れて軌道修正できた場所。きちんと地元のものを味わったり、有名なスポットをめぐったり……焦りすぎず、〝旅〟の醍《だい》醐《ご》味《み》に向き合えるようになりました！

茨城って、都道府県魅力度ランキングで何度も最下位になっているんです。でも僕らにとっては楽しくて大好きな場所になりました。

真っ青の「ネモフィラカレー」が衝撃的！
食欲をなくす色してるけど、
味はおいしい！

那珂湊《なかみなと》漁港で食べた牡蠣《かき》！
実は僕は牡蠣が苦手。
それなのに、チャンが
録画ボタンを押し忘れて、
もう1個食べることに。
今でもちょっと根に持っています（泣）。

3日連続で
ハマグリを食べた！

国営ひたち海浜公園にて、
満開のネモフィラを
背景に撮影。

SHIZUOKA

2023
5月

静岡

次の目的地は、静岡！　まずは、サーフィンで有名なスポット・静波《しずなみ》海岸がある牧之原市へ。ここで、私たちは超強烈な出会いをします。

　ある日、サーフィンをしているおっちゃんに「日本一周してるの？　一周したやついるから紹介しようか！」と声をかけられた私たち。サーフボードに座りながら話すことになったその人が、「パパゴリラ」でした。

　意気投合して夜まで一緒に過ごし、そのとき話してくれたことが私たちにガッツリ刺さりました。

それは、**「若いときにたくさん経験をしたほうがいい」**ということ。いわく、「親の経験は子どもにも伝わる」。つまり日本一周の話を自分の子どもにも伝えることで、その子の知識になるし、視野も広がる。自分が若い頃にした経験は「将来の子どもの財産になるんだよ」と聞いて、この旅の意義をあらためて感じました。

　それから、**「チャンスを逃さないようにお金は持っていたほうがいい」**とも言われました。「お金以上に大切なことがある」とよく言うけれど、パパゴリラが言うには「幸せになるためにはお金も必要」。

静波海岸は、
駐車場がすっごく広くて
お手洗いも完備！
波も最高なので、
動画編集をしつつ、
ここで数日過ごしました。

お肉大好きな私にとって、静岡県内に30店舗以上ある
炭焼きレストラン「さわやか」のハンバーグが最高すぎました！
合計5〜6回は食べたかな？
じろー君はおかず少なめでご飯をいっぱい食べる派なので、
私はじろー君にハンバーグを半分もらって、代わりにご飯をあげていました。
さわやかといえば「並ぶ」で有名だけど、私たちは全然並ばずに入れました。
浜松のさわやかは穴場かも……⁉

移住候補⁉　パパゴリラの教え

これは私たちにとっても身に覚えのある話！　あらかじめお金を持っていたら、もっと早く旅を始められたんだよなぁ……なんて。ほかにも**「海は絆をつくる」**とか、パパゴリラの話は深くうなずけることが多くて、素直に「カッコえぇ～！」と思いました。話を聞きながら、思わずメモを取ってしまったくらい！　パパゴリラはスキルも持ち物も豊富で「人を助けたい」「人に体験させてあげたい」という気持ちにあふれている人。どんなときも余裕があって優しい。私たちも、あんな大人になれたらいいなぁ～と、影響を受けた出会いでした。

静岡ではサーフィンも満喫！　下田の多々戸浜《たたどはま》も最高だったなぁ。

「え⁉」って声が出ちゃうくらい、水が透き通っていて感動しました。静岡って意外と広いんですよね。1つの県でも、地域によって雰囲気が違って面白かったです。

「みずゞ」で静岡おでんを堪能！　魚粉みたいな、のりみたいな謎の粉がかかっていて、汁も濃く黒っぽくて、東京からわざわざ食べにくる人がいるのがうなずける味わいです。お店のおばちゃんが「昔は、静岡おでんは駄菓子屋さんでも売っていたんだよ」と教えてくれました。

視聴者さんにおすすめしてもらって行った「あおいや」のうなぎは、中がふわっふわ！

巨大な食卓を模した建物が楽しめる「スイーツバンク」ではトリックアートみたいな写真を撮るのがおすすめ！

パパゴリラは日本一周を経て牧之原市に移住。静岡のことを褒めたたえていました。パパゴリラの名前の由来が気になる方は、写真で着ているTシャツをよ～く見てくださいね（笑）！

2023
5月

愛知

僕らがアンバサダーを務めていたCarstay株式会社さんがイベント『FIELDSTYLE EXPO 2023』に出展するということで、次の目的地は愛知！ キャンピングカーやアウトドアブランドが集まる大きなイベントで、僕らもアンバサダーとして参加しバンを展示しました。ジョン君も一緒に視聴者さんと直接触れ合ったり写真を撮ったり……。ジョン君はこの時期から人に会うことが増えて、少しずつ人慣れしました。

愛知で印象的だったのは、**ものすごく暑かったこと！** 蒸し暑くて、チャンは「ベトナムに似てる！」と言っていました。暑すぎて、車内ではチャンは水着、僕は上半身ハダカで過ごしていたくらい。

愛知でも引き続き節約旅をしていたので、ひたすら安いご飯を探していました。特に印象深いのは、**「道の駅もっくる新城」**のモーニング！ 600円で卵が3つついてきて、究極の卵かけご飯を楽しめます。いろんな種類のトッピングがあって、なんとおかわりOK！ 中華風・カルボナーラ風・和風でトッピングが分かれており、僕らもおかわりして堪能。チャンは甘味噌トッピングが気に

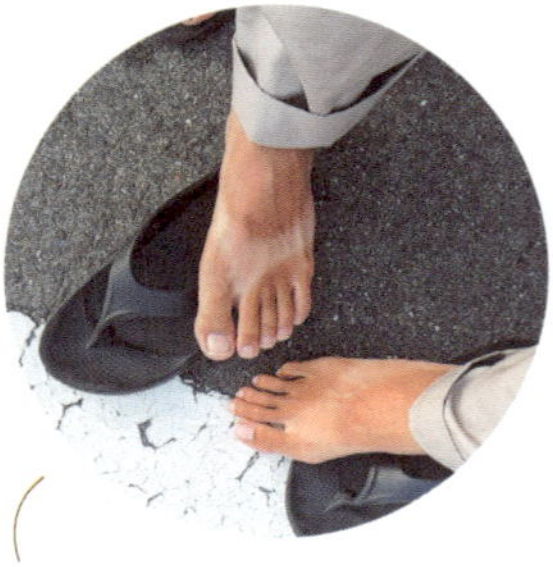

5月下旬なのに、愛知は暑かった〜!
こんなに日焼けしました。

サーフィンがしたくて訪れた田原市は、
海沿いで暑さが落ち着いていて、
少しは過ごしやすかった。

激安モーニングに感動！
いろんな朝食を堪能した愛知県

入って、ビュッフェに出ていた分を全部食べきっていました……！

300円くらいでボリュームたっぷりの豪華なモーニングが楽しめるお店もあり、安さにびっくり！

愛知には「朝に外食する」という文化があるので、モーニングを食べられるお店がたくさん。僕は朝に外食するなんて考えたこともなかったけど、チャンが生まれ育ったベトナムは朝に外食する文化の国。基本的に朝ご飯はつくらず、学校や会社に行く前に外でフォーやバインミーを食べることが多いんだとか。

この時点で、旅を始めて約2か月。相変わらず節約旅だったけどそんな生活にも慣れてきて、ちゃんと旅を楽しめるようになっていました。

「つるあん 道の駅店」の「豊橋カレーうどん」は、水菜の刺さったちくわ天のビジュアルにも驚きますが、うどんの下にはなんと、とろろご飯が！お腹いっぱいになりました。

「道の駅もっくる新城」のモーニング。昔は卵も食べ放題だったらしい。

愛知では、激安スーパー「ラ・ムー」でよく買い物をしていました。半額になったお弁当を買ったり、自炊するための具材を買ったり……。ここは、茨城で会った旅人の拓人君に教えてもらったお店です。

2023
6月

三重

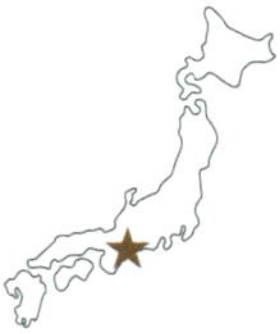

次の目的地・三重は、じろー君の祖父母が住んでいる場所。松阪牛で有名な松阪市に家があり、じろー君のご両親&祖父母で旅行に行くタイミングに合わせて、私たちも三重に行くことに。こうやって**会いたいときに会いたい人に会いに行けるのは、バンライフの醍醐味**ですよね！

三重でもっとも印象深いのが、台風！　旅に出てから初めての台風で、想像以上に過酷でした。山は土砂崩れ、海は高波が怖い……ということで、台風が直撃するタイミングで私たちは「**道の駅 伊勢志摩**」に避難。山からも海からも離れた高台にある道の駅で、お手洗いも使えるし人もいて安心！と思いきや、大雨&強風で車がぐわんぐわんと大揺れ！　スマホからはビービー警告音が鳴って、本当に焦りました。バンが雨漏りして車内がびちょびちょになったり、完全停電したりと、ハプニングが次々起こり、私たちは大慌て！一方、ジョン君だけがのんびり落ち着いていました。人間ってこういう状況になるといろんな予想をして焦ってしまうけど、ジョン君は「ここは安全」と思ってくれたのか、ぐっすり寝ていました。

伊勢志摩では、伊勢神宮に参拝したり、横山展望台から島々を眺めたり……。「名水100選」に選ばれた「天《あま》の岩戸《いわと》」では、湧き水を汲んだりもしました。

台風のときはちょっと外に出るだけでびしょぬれ！動画をあげたら、視聴者さんに「傘はやめたほうがいい」とアドバイスをもらいました。

台風直撃で大パニック！ ピンチを救ってくれたツカさん家

3日間くらい太陽光充電ができなかったので、ポータブルバッテリーが切れて、スマホの充電も10%くらいに。ギリギリの状態の中、SNSでヘルプを呼びかけたら、なんと志摩市在住の「ツカさん」が「うちに来て充電していいよ！」とDMをくれたのです！ ツカさんは、アウトドア系のYouTubeチャンネル「ツカさん家」を運営しているご家族。お言葉に甘え、ナビを頼りに向かっていたのですが、ここでまたハプニングが。スマホの充電が完全に切れてしまい、頼りの綱であるナビが中断！

途中から勘で車を走らせ、なんとかツカさん宅に到着。あのときは夢中でしたが、今考えるとラッキーでしかありません。

ツカさんは充電だけでなく「お風呂も洗濯機も自由に使って！」と言ってくれました。さすがに遠慮しましたが、本当に優しくて優しくて……。こうして旅をしていると、「世の中には心の広い人がたくさんいるんだな」と思います。皆さんに共通しているのは、**「自分も若い頃、人に助けてもらったから、今度は自分が助けたい」**というマインド。こうやって助け・助けられの輪が広がって、恩が回っていく。本当にありがたいし、私たちもこの恩をつなげていきたいなと思います！

おかげ横丁ではからあげ棒、豚捨コロッケなど、インスタのDMで教えてもらった、地元民おすすめのグルメを堪能。

伊勢うどんはすきやきの最後に入れるうどんみたいな感じで、甘じょっぱいつゆがかかったもちもちの麺がめっちゃおいしかった！

おかげ横丁の「赤福本店」にて。じろー君は赤福餅が大好き！ 私のあんこをあげて、じろー君はあんこまみれで食べていました。

FUKUSHIMA

2023
6月

福島

真夏を比較的涼しい北海道で過ごすため、三重を出てからはひたすら北上。移動がメインの日が続き、次に行ったのは福島県。チャンと話し合い、「いっぱい観光をしよう！」と決めました。**地域の素敵なところを動画にすると、地元の方が「紹介してくれてありがとう！」と言ってくれます。それがすごく嬉しくて。**

たくさん観光をして発信しようと決めたきっかけは、マサルさんとの出会い。道の駅で声をかけてくれて、福島でとってもお世話になりました。マサルさんいわく、

福島はいまだに原発の風評被害があるそう。よく見られないことが多いので、僕らが福島のいいところを発信してくれるのが嬉しいと言ってくれたのです。これがきっかけで、**「視聴者さんに喜んでもらう」ことをモチベーションに発信**するようになりました。

福島では、とにかくグルメを満喫しました！　たとえば、**ねぎそば。**南会津・大内宿《おおうちじゅく》の名物で、生のねぎがドーンと1本乗ったそばのことです。箸の代わりにねぎでそばをすくって食べるのですが、このねぎがめちゃくちゃ辛い！　衝撃が大きすぎてチャンはねぎ克

農家さんにもらったお米がとてもおいしかった! 大量にいただいたけど、食べすぎてとうとう最近なくなってしまいました（泣）。

福島で印象に残っている景色は、いわきの洗い越し。車で川を渡ることができる観光スポットです（現在は閉鎖／2024年8月時点）。

塔のへつり。へつりとは「断崖」という意味で、つり橋を渡ることができます。

グルメを満喫！各地の素敵な情報をたくさん発信しようと決めた場所

服ならず。でも、この強烈なねぎ体験のおかげで、焼いたねぎは食べられるようになりました。

それから、**喜多方ラーメン**はすごく沁みたなぁ。お肉がたっぷりで、肉汁の風味も感じられるしょうゆ味。福島は朝の6時、7時とかにラーメンを食べる**「朝ラー文化」**があるらしく、朝から食べられるくらいあっさりした味わいでした。

チャンはそれまで、こってり系が多い日本のラーメンが得意ではなかったのですが、喜多方ラーメンを機にラーメン好きになりました。

福島は10月にもう一度訪れ、マサルさんにも再会しました。知り合いの農家さんのお子さんが僕らのYouTubeを見てくれているそうで、ご自宅に遊びに行かせていただきました。ここで農家のライフスタイルを教えてもらったことで、「こんな働き方があるんだ！」と新たな気付きを得ることに。**農家は収穫期などのシーズンにたくさん働き、シーズンオフは毎日お休み。**僕らに置き換えてみると、「1か月休んで1か月撮影する」みたいなこともできるってこと。知らなかった世界に出会い、視野が広がりました。

大内宿にて。
風情ある茅葺《かやぶき》屋根の民家が並びます。

大内宿のねぎそば。
僕は頑張って
チャンが残した1本も含めて
2本のねぎを食べ切りました。

酪王カフェオレ。
チャンいわく「人生が変わる
レベルでおいしい!」。
ドライブのおともに。

10月に再訪したとき、
YouTube登録者数10万人突破のお祝いで、
マサルさんがプレゼントしてくれた、
白土屋菓子店の超特大シュークリーム！
なんと重さは1.2kg。

HOKKAIDO

ついに北海道へ！
舌鼓を打った道南旅

2023 7月

北海道
道南

七夕の日、函館のカフェで編集をしていたら、浴衣を着たお子さんが声をかけてくれました。函館《はこだて》には**「ローソクもらい」**という風習があって、子どもたちがお菓子をもらう文化があるのだとか。ジャパニーズハロウィンみたい！　旅の中では現地の人に教えてもらって知ることがたくさんあります。

函館にある、干潮時に入れる海の温泉**「水無海浜温泉」**は無料の露天風呂で、水着を着て入ります。満潮時に入ってきたカニやフナ虫が茹で上がって、その辺にプカプカ……。海の生物が見られて、子どもたちが喜んでいました。

北海道に入ってから印象的だったのが、**距離感覚の違い**。地元の皆さんは2時間くらいの移動なら「近いよ」「すぐ着くよ」と言うんだけど、私たちの感覚では全然すぐじゃない！　北海道の広大さを感じる会話でした。

気になったお店や好きな場所に自由に行けるのが、くるま旅のいいところですね。

いろんな味付けを楽しめる、「ハーベスター八雲」のハーブチキン。

明治時代に建てられた北海道庁旧本庁舎。赤レンガに歴史を感じる！

車用の信号の下に電車用の信号も！「どっち!?」って戸惑いました。

「ハセガワストア」ではその場でやきとりを焼いてお弁当にしてくれます。あったかいご飯と香ばしいやきとりが絶品！

ハンバーガーショップ「ラッキーピエロ」は、アメリカンな遊園地みたいで、空間自体がカオスで楽しい！　顔くらいあるビッグサイズのハンバーガーは肉厚で食べ応えがあり、太めのポテトもチーズとミートソースの相性抜群でおいしかった～！

函館山から見た夜景。「100万ドルの夜景」ともいわれているそう。

2023 7月

北海道

道央

水より温泉が安いエリア!?

出会った方のご自宅で美食三昧

道央では、素敵なご家族との出会いが。白老町《しらおいちょう》で地元の方に「うちに温泉あるから、入りに来る?」と話しかけていただいたのです。うちに温泉があるとは……!?と詳しく聞いてみると、このエリアは温泉が有名で、なんと一般家庭の蛇口から温泉が出るそう（要契約）！　ご自宅にお邪魔し、夕飯までごちそうになってしまいました。

　そこでふるまっていただいた食事は海鮮パラダイスで、地元で獲れたばかりの**毛ガニやタコ、ホッキガイ、ホッケなど全部が絶品！**僕は「天敵」といってもいいくらい貝が苦手だったのですが、ホッキガイの刺身に全く臭みがなくてびっくり。**本当においしいものを食べると人は苦手を克服するんだなぁ……**と実感しました。ご飯がおいしすぎて、当初の目的だった温泉に入らせてもらうことを忘れました（笑）。

　大きくて身が詰まった北海道のホッケにもどハマり！　それ以降、車内が臭くなるリスクを承知で、自分たちでも調理して食べるようになりました。

ニセコから見える富士山みたいなこの山は羊蹄山《ようていざん》。

くぼたびさんと行った「松尾ジンギスカン」はタレが甘くて、羊ならではの味わいが濃く感じられて、シメのうどんまで絶品でした。

室蘭《むろらん》の「地球岬」では水平線が丸く見えた！チャンは全く丸く見えなかったみたいで、「いや見えるよ」「いや見えないよ」と意見が割れました。

白老町でお世話になったご家族。なんと、娘さんが僕らの視聴者さんでした！ジョン君も一緒にご挨拶。

「のぼりべつクマ牧場」ではヒグマたちが手を挙げていて、買ったエサを投げると食べてくれるのが楽しい。想像の3倍くらいデカくて、山でこれに出くわしたらもう命はないと思いました。

涼しいスポットを求め、襟裳《えりも》岬では、視聴者さんがアザラシツアーに連れ出してくれました。目の前で見る野生のアザラシは、まるで明太子みたい！みんな日光浴してたのかな……。

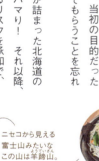

HOKKAIDO

2023
8月

北海道
道東

8月になり、夏真っ盛り！「道東は涼しいよ」と地元の人に教えてもらい期待していたのですが、2023年は異常気象だったみたい。毎日とても暑くて、天気予報を見て気温の低そうな場所を探し、移動する日々でした。

　釧路に入った瞬間は涼しくて、冷たいミストのような霧が立ち込めていました。北海道では霧があることを「ガスってる」と言うみたいなのですが、標高の高いところはガスっていて真っ白で前が見えませんでした。

「釧路湿原」はサバンナみたいに広大な景色が広がっていて、「絶対その辺にライオンいるだろ！」っていうくらい自然味あふれる場所。**「キトウシの森」**では同じくねこちゃんと一緒に旅をしているカップルとキャンプができたのも印象的でした。

　根室では、日本本土最東端・**納《の》沙布《さっぷ》岬**へ。海の向こうに北方領土を見ることができる場所で、いろんなところに「北方領土を取り戻そう」のモニュメントがあるほか、資料館で学ぶこともできます。私は歴史にあまり興味がなかったけど、**現地に行くと自分ごとになる**んですよね。**自分の目で見るって**

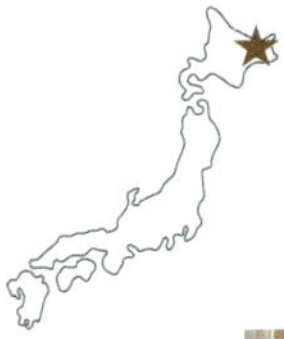

海鮮の食堂をやっている視聴者さんにご馳走していただいた花咲ガニ！　今まで食べたどのカニよりもおいしくて、身がズッシリ。それから、プリップリの牡蠣！産卵前で栄養をたっぷり蓄えていて、濃厚でミルキー。私はじろー君の分もペロッと平らげてしまいました。

「道の駅厚岸グルメパーク」で出会った鹿のファミリー！　私たちを含む観光客は興奮して写真を撮っていたけど、地元の方にとっては普通の景色みたい。動物と共存する北海道。

「インデアン」はテイクアウトができるので、地元の方は鍋を持って行ってルーを買うスタイルが定番みたい。安いのも嬉しい！

摩周湖の雲海。日の出を見るために早起きして、前日の夜につくったおにぎりを食べながら待機していたのですが、後ろから日が出てきて、「え⁉」とびっくり。間違えて、反対側を向いて待機してたみたいです……（泣）。

どこまでもまっすぐな、「天に続く道」。北海道には直線の道がたくさんあるけど、ここの美しさは別格！

湖や花畑など、絶景スポットがたくさん！

大事だなと思った体験でした！

日本では「日本本土四極踏破証明書」の交付があって、4枚集めると日本地図の絵が完成するんです！ 今回は最東端に行ったので、その1枚目をゲットできました。

摩周湖《ましゅうこ》周辺ではお金を使わない0円デートに挑戦。雲海を見た後、「さくらの滝」でサクラマスの滝登りを見学しました。なかなか姿が見られなくてみんな帰っていく中、我慢強いじろー君は「もう少し待とう」と。そしたら1匹飛んだんです！

帯広でNo・1のグルメは「カレーショップインデアン」のカレー。煮込まれたホロホロの牛肉が絡むルーは、どろっとしていて私たちの好みど真ん中！ いろんなメニューを食べた結果、私はハンバーグかチキンを足して食べるスタイル、じろー君は一番辛いのにして福神漬けをたくさん入れる食べ方を作り上げました。

運気が上がりそうな「幸福駅」では、ステッカーを買ってバンに貼りました。

上士幌《かみしほろ》は無人のバスが走っていたり、スタンプラリーも自動だったり、先進的でハイテクな街でした。

「然別湖《しかりべつこ》」はまるで
アニメ映画の舞台のよう!
湖に消える線路が美しい。

摩周湖の水が
流れてきていると
いわれる青い「神の子池」。
中に埋まっている
木の枝が腐らない
くらい冷たくて
綺麗な水なんです。

網走《あばしり》にある
「メルヘンの丘」は
夕焼けの空と
カラマツの
影が美しかった!
この風景を見るために
窓をDIYした
といってもいいくらい。

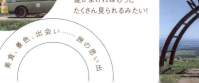

水圧に抗って登ろうと
するサクラマス!
運がよければもっと
たくさん見られるみたい!

網走の「フラワーガーデンはな・てんと」。
こんなに綺麗なのに人が少なくて、
穴場スポットかも!?
園内を車で回ることができるので、
車×花畑の写真も撮れちゃいます。

「ナイタイ高原牧場」からの眺望は、
一面に緑が広がっていて、普通に牛もいて。
北海道は土地が広いからこそ、
景色の広さがほかと全然違います。
人間のちっぽけさを感じました。

2023
9月

北海道
道北

道北にある美瑛《びえい》は、夕日が綺麗で、広大な景色にうっとりします。「マイルドセブンの木」も美しい！　冬には雪を被った山が見られるらしく、私は「ここに住んで季節の移ろいを楽しむのもいいかも⁉」と思いました。

　道の駅で過ごしていると、通りがかったゴミ収集車の方が「面白いことやってるね」と話しかけてくれました。なんと、その方は室内でキャンプ体験ができる施設「ALL SEASON CAMP」を経営しているのだとか！　ねこちゃんもOKだったのでジョン君

海まで続く、
ホタテの殻が
敷き詰められた白い道！
近くに牛、遠くに風車を
眺めながらのドライブは
とても気持ちがよかった！

ついに！　日本最北端の地「宗谷岬《そうや》」で
2枚目の証明書をゲット！
達成感ハンパない！

と一緒に2泊しました。
ここは手ぶらで行ける施設で、いろんなキャンプグッズを試すことも可能な、パラダイスみたいな場所！

比較的涼しかった稚内でも途中2日間くらい30度を超えてしまう日が！　じろー君が熱中症でダウンしてしまったのですが、地元で人気のハンバーガーを食べたら期待以上のボリュームとおいしさで、すっかり元気になりました。

自炊ができないときには**「セイコーマート」**で炭酸ジュースの「ガラナ」とホットスナック「うま塩チキン」をよく食べていました。100円台で買える小さいパスタにもお世話になりました。

移住候補地!? 美瑛でラグジュアリーキャンプ体験

CMの舞台にもなった「ケンとメリーの木」。美瑛は海外みたいな景色がそこら中に広がってます！

観光名所、美瑛の「青い池」。

北海道のコンビニなどで売っている「HO《ほ》」という雑誌は、無料・半額で温泉に入れる券がたっぷりついてきてお得！

AOMORI

2023
10月

青森

真夏の北海道旅を終えて、約2か月ぶりの本州入り。やっと涼しくなってきたこともあり、青森では2人でゆっくり過ごす時間をたくさん取りました。

青森では、むつ市に住んでいる友人に大学以来の再会！　あらためて「会いたかった人に旅先で会えるのっていいな」と思いました。むつ市には、本州最北端の繁華街があります。すごく栄えているわけではないけど、地元の飲み屋さんがたくさんあり活気のある場所。夜は友人と一緒に飲みに出かけて、チャンは豊盃《ほうはい》という**地酒**に舌鼓。

僕はあまり日本酒が飲めないのですが、チャンが「甘くてすごくおいしい」と言っていたのが記憶に残っています。

八戸《はちのへ》では、**「八食センター」**という市場へ。ここでは、購入した魚介類を焼いて楽しめる「七厘村」に行きました。八戸はサバが有名で、ここで食べたサバは、見たことないくらい大きくて、人生で一番おいしかった！　この旅で、僕はすっかり海鮮好きに進化しました。

十和田《とわだ》市で過ごしていたときにＹｏｕＴｕｂｅ登録者数10万人を達成！　お祝いはお肉にしようと

本州最北端（大間崎）に到達！
ここで食べたマグロは
一生忘れられません！

スイーツ店「アンジェリック」の
アップルパイ。
パイ生地に甘いキャラメルが塗ってあって、リンゴもたっぷり！

疲れを癒やす、ゆったり青森旅！

登録者数10万人突破の記念すべき瞬間

いうことで、名物B級グルメの**バラ焼き**を食べました。豚バラを玉ねぎと一緒に鉄板で焼いた料理で、甘い味付けがお酒に合う！　地元ではお酒を飲みつつバラ焼きをつまむのが定番なんだとか。

リンゴの生産量日本一の弘前《ひろさき》市では、YouTubeの企画として**アップルパイの食べ比べ**を実施。お店をめぐって6種類くらい購入したのですが、お店ごとに全然味が違う！　実家にもリンゴジュースを送り、リンゴの街を満喫しました。

青森市の**酸ヶ湯《すかゆ》温泉**では、混浴風呂に入る体験も。一応、間仕切りがあり男女が別々になっているのですが、チャンはやはり抵抗があった様子……。

田舎館《いなかだて》村では、僕らが大好きな漫画**『ONE PIECE』の田んぼアート**も、シーズン終了ギリギリで見ることができました！　久しぶりにゆったりと過ごすことができた青森旅でした！

青森市で食べた
味噌カレー牛乳ラーメン。
味噌・カレー・牛乳が奇跡の
バランスで絡み合い、濃厚な味わい！
スパイシーなのにマイルドで、
スープも全部飲み切りたいくらい。

縄文時代の生活をそのまま感じられる、
三内丸山《さんないまるやま》遺跡にて。
歴史に興味がないチャンを無理やり
連れていって、衣装を着て回りました。
本物の遺跡を見ることができたりと、
チャンもけっこう楽しんでくれてよかった！

1000人入れる
酸ヶ湯温泉の
大浴場！

2023
10月

秋田

次の目的地は秋田。最初に向かったのは、なまはげで有名な男鹿《おが》市！　なまはげの文化を体験できる**「なまはげ館」**に行ってみました。私はそれまで、なまはげって妖怪みたいなもので、架空の存在だと思っていたんです。でも実際は人間が演じていて、危害を加えることはなく〝生活指導〟みたいな存在なんですよね。「なまはげ館」ではショーをやっていて、「悪い子はいねぇがー」と目の前でなまはげがパフォーマンスをするんです。それがものすごい迫力で、泣いちゃうくらい怖かった……。

また、大館《おおだて》市で開催されていた**「本場大館きりたんぽまつり」**にも行きました。これは1か所にいろんなきりたんぽのお店が集まるイベントで、「明日で最終日！」というギリギリのタイミングで視聴者さんが教えてくれたのです。食べてみると、きりたんぽの味噌焼きが甘じょっぱくて予想以上においしい！　自分できりたんぽをつくれる体験コーナーにも参加しましたが、自分たちでつくると格別でした。おまつりでは名物の**「ババヘラアイス」**も食べました。

そして、秋田といえば**秋田犬！**　じろー君が秋田犬と遊べるカフェ

「ひない軒」で食べたラーメン。
じろー君は「日本一おいしい!」と大絶賛!
朝から食べられるくらい、
あっさりした地鶏のスープです。

「なまはげ館」にて。
なまはげは子どもを怖がらせる妖怪だと
思っていたけど、本当はいい人!?

佐々木希さんも通うラーメンショップ
「チャイナタウン」のチャンポン麺。
あふれるくらい入ったスープはトロトロ!
丼がすごく熱いのに、店員さんが
素手で持っていてすごい。
じろー君と、「手の皮が分厚いんじゃないか」
「訓練されている人じゃないとできないね」
と話しました。

秋田犬は
現在頭数が減っていて、
触れ合えるのは珍しいのだとか。

なまはげに泣き、秋田犬とたわむれ、グルメを満喫した秋田旅

を見つけてくれて、遊びに行ってきました。秋田犬は、イメージしていたよりもでっかくてもふもふ！　寝転がると、私と同じくらいの大きさがあります。一緒に暮らしてみたいと思うくらい、人懐こくてかわいかったです。

秋田では、私たちと同じく夫婦で日本一周している「よろちゃんねる」さんと初対面しました。車中泊あるあるとか、綺麗なお手洗いのある道の駅情報とか、「YouTube撮るとき喧嘩するよね」とか、話は尽きず大盛り上がり！　バンライフをしているからこそ分かり合える話題で、とても楽しい時間を過ごしました。

実は私、秋田のことをあんまり知らなくて、行くまで何が名物なのかイメージをつかみ切れていませんでした。でもいざ行ってみたら、おいしいものがたくさん！　特に、お米はどこで食べてもおいしい。秋田の人はグルメだから基準が高くて、どのお店でもおいしいものが食べられるのかも⁉

男鹿半島のゴジラ岩は夕日が映える！

紅葉を見るジョン君！

乳頭温泉郷黒湯温泉にて、紅葉を見ながら浸かれる家族風呂を満喫。トロッと柔らかい泉質で、硫黄臭がすごい！

よろちゃんねるさんと天王スカイタワーをバックに記念撮影。

道の駅で具材を買って自炊したきりたんぽ鍋。

SAITAMA

2023 12月

埼玉

師匠に再会し、グルメやクリスマスを楽しんだ

本当は東北を観光しながら南下したかったのですが、11月に車検があったため、急いで関東に戻る必要がありました。千葉で車検を済ませたときには、すでに雪シーズン……。雪道の運転に自信がなかったので、年末年始は関東で過ごすことにしました。

この時期、特に印象深いのは埼玉での師匠との再会！ CHAPTER 5で詳しく話しますが、師匠は、僕らのバンDIYを強力サポートしてくれた大恩人。旅を始める前に実施した**「予祝《よしゅく》」**の第2弾を一緒にやりました。「予祝」とは、先に「達成しました！」のお祝いをやってしまう先取りのこと。師匠は「これをやると必ず目標を達成できる」と言っています。

さいたまスーパーアリーナで開催されていた**クリスマスマーケット**にも行きました。久しぶりの人ごみに揉まれ、クリスマスの雰囲気を堪能できました。

ジョン君にお留守番してもらって、2人でデート。

「金笛しょうゆパーク」で食べた、しょうゆのソフトクリーム。甘いのとしょっぱいのって、こんなに合うんだ！ と驚き。みたらしみたいなイメージです。

川越ではレトロな街並みと食べ歩きを楽しみました。

KANAGAWA

2024 1月

神奈川

鶴岡八幡宮で「登録者数50万人」の願かけ

年末年始は、神奈川にあるじろー君の実家に滞在。家族みんなが集まり、賑やかにお正月を過ごしました。みんなでワイワイ、ご飯を食べたりゲームしたりテレビ見たり……。お正月をまったりと楽しみました！

初詣は、鎌倉にある**鶴岡八幡宮**へ。2023年に立てた願いを叶え、それを上回る「登録者数50万人」の願かけが実現！ なんだか縁起のいい2024年のスタートとなりました。

神奈川は実家がある場所だから、じろー君的にはあんまり新鮮さを感じなかったみたい。でも私にとっては、ほかの地域と同じように刺激的な場所！ **横浜中華街**で**食べ歩き**をしたり、**由比ケ浜《ゆいがはま》でサーフィン**をしたり、**おいしいタコス店**に行ったり……楽しい体験をいっぱいしたけど、まだまだ行きたいところがたくさんあるので、今後も開拓したいなと思います！

みなとみらいのイルミネーション！

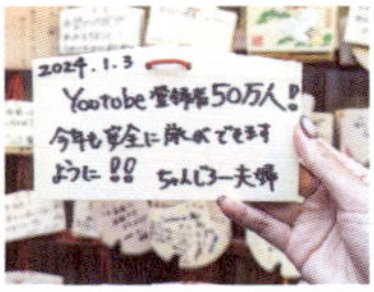

左が2023年、右が2024年の絵馬。

相模原市にあるサウナ付きキャンプ場「DAICHI silent river」で大自然を感じる！ サウナ好きの方にはぜひ行ってほしい。

中華街で食べ&飲み歩き！

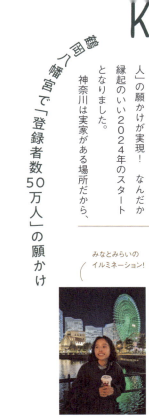

OITA

2024
1月

大分

まず向かったのは、僕らが出会った場所・別府市！ 大学時代にバイトをしていた生花店「華つねまつ」を拠点に、1か月ほど過ごしました。「今日は夕飯いらないです」「○時に帰ります」など、まるで家族みたいなやり取りをしながら過ごす日々。観光中と寝るとき以外は、ずっとここでお世話になりました。

　別府では、僕らの思い出の場所を中心に観光しました。昔住んでいた家を見に行ってみたり、ジョン君が生まれた海門寺温泉に行ったり、大学時代によく行っていた大好きな寿司店に行ったり……。

　別府の温泉は**とにかく熱くて安い**のが特徴！ 貸し切り可能な貸切湯がある**「みょうばん湯の里」**は、サラサラとした乳白色の硫黄泉で身体が芯まで温まります。湯上がりには**「温泉蒸しプリン」**がおすすめです。

　大学時代によく行っていた飲食店にも再訪しました。別府で絶対に行ってほしいのが**焼肉店「アリラン」**。お肉はもちろん、ビビン麺が絶品！ この旅中に食べて、僕はどハマりしてしまいました。同じく**焼肉店の「たつ」**では、タンでチョレギサラダを巻いて食べま

別府は白黒のねこちゃんが多い！
もしかしたらジョン君の親戚かも!?
別府に行ったらぜひ見つけてみてください。

APUの学食にも潜入！
学生時代によく食べていた
思い出の味に再会。
一般の方も注文できるので、
ぜひタイカレーを食べてみてください！
世界一おいしいです！

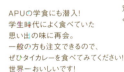

2人が出会った場所・別府へ！ 思い出をめぐる旅

す。日本一うまいタンに、レモンとゴマの風味が相まって、あれを超えられるものはありません。それから、僕が大学時代にバイトしていた**ステーキ店「そむり」**。僕らにとっては大事な日に行きたい特別な店です。

大山ダムにある『進撃の巨人』の銅像も見に行きました。漫画『進撃の巨人』の世界を実際に感じられるのでおすすめです！

別府にはお世話になった人がたくさん住んでいます。次に別府に来るときは、もっと成長した姿を見せたいです！

僕の元バイト先であり、
今では家族のように
接してくれる
大好きな生花店
「華つねまつ」。

「そむり」を卒業する時の記念写真。
たくさんお世話になりました。間違いなく、
日本一おいしいステーキ店です！

カップルやファミリーには、
家族風呂もおすすめ！
「桜湯」にも何度か行きました。

別府の温泉街を見下ろすと、
こんな景色が広がっています。
そこかしこで湯けむりが立ち上っている様子は、
まさに別府の醍醐味！
こんな景色はここでしか見られないのでは？

「みょうばん湯の里」。
昔ながらの温泉でとても温まります。

2024
3月

宮崎

大分を出て、次の目的地は宮崎県！　実は私たちにとって、宮崎も思い出の地なんです。というのも、大学4年生のときよく宮崎まで遊びに来ていたから。当時はコロナ禍で、大学はほとんどオンライン授業に。私たちは宮崎でサーフィンをしつつ、その合間に授業に出席する生活をしていたのです。GoToキャンペーンを活用して、お得に観光するなど楽しい思い出がいっぱい。ということで、また来られる日をずっと楽しみにしていました。

宮崎では、YouTubeでの発信をお休みすることにしました。旅生活を通じて生活習慣が乱れ、体調を崩すこともあったので、健康的な生活にシフトチェンジするべく、思い切って1か月間リフレッシュしてみたのです。この期間は、朝からサーフィンをしたり、ジムに通い出したり……バンライフをしていると身体を動かす機会が減ってしまうので、意識的に運動をしました。

宮崎に来て最初に向かったのは、日向《ひゅうが》市。**サーフスポット・お倉ヶ《くらが》浜《はま》**の駐車場を拠点に、2週間ほど大好きな海を満喫！　ここは1年中サーフィンができるだけでなく、

縁結びで有名な青島神社。
実は大学のときに2人で来て、
私は「結婚できますように」って
お願いしたんです（笑）！

サンメッセ日南《にちなん》のモアイ像。
ここは、大学時代に何度もチャレンジして、
タイミングが合わず
ずっと行けなかった場所！
やっとモアイ像に会えました。

仕事を忘れてリフレッシュ！
サーフィン三昧で生活リズムを改善

駐車場が広くお手洗いやシャワーが完備されている最高のくるま旅スポットです。

ジムに通い出したタイミングでもあったので、筋肉のために「いっぱい鶏肉を食べよう！」というマインドに。**チキン南蛮が有名な「おぐら」**という店によく行っていました。

宮崎では、日本一周中のファミリーとの出会いもありました。そのご夫婦は、大きなバスで旅をしていて、精進料理を自炊するなど、原始的な暮らしを続けているそうです。なにより驚きなのが、バスで出産をして、今はバスで赤ちゃんを育てながら旅していること！ そのご夫婦いわく「バスで生活していると、常に目の届く場所で世話しつつ仕事ができる」んだって。車で生活するのは大変なことも多いけど、普通の生活では得られない幸せがあるみたい。赤ちゃんもとっても元気に育っていて、「こんな生き方もあるんだなぁ」と新発見がありました。フォトグラファーのお父さんが、後日この本のカバー写真を撮影してくれました。

スーパー「ナガノヤ」は、
お弁当のネーミングがすごく面白い！
「チキン割愛カレー」「天丼インボイスの謎」
「急に落ち着く焼き鳥」……
謎のセンスを気に入ってしまって、よく買っていました。

天然記念物の高千穂峡《たかちほきょう》は
火砕流によって
生まれたんだって！ 宮崎の
絶対に行くべき観光スポット
No.1かもしれない！
まだの人はぜひ！

宮崎では、よく
お倉ヶ浜でジョン君と
散歩しました。
大学のときにも
よく来ていた
思い出の海です。

黄色いバスで
日本一周中のファミリー！
車内が広くて
羨ましかった〜。

青島には、海に向かって
広がる岩があります。
まさに「鬼の洗濯板」という
名前がぴったり。

KAGOSHIMA

2024
3月

鹿児島

九州に住んでいたとはいえ、鹿児島に関する知識がほとんどなかった僕たち。そんな僕らが鹿児島で必ず達成したかった目標が、「**本土最南端到達**」! この目標に向かって、鹿児島では真っ先に**佐多《さた》岬**へ。鹿児島は宮崎以上に南国感が強くて、いろんなところにヤシの木が生えていました。海も綺麗で、イメージしていた沖縄の風景にそっくり! やっぱり、現地に足を運ばないと分からないことって多いですよね。

僕的に、鹿児島でもっとも印象に残っている景色が「**雄川《おがわ》の滝**」。落差46m・幅60mの巨大な滝で、駐車場から滝つぼまでは約1200m。けっこう歩くので、その間にどんどん期待が膨れ上がりました。結果、その期待を上回る美しさに思わず「すごい」と声に出してしまったほど!

次に向かったのは、霧島市。ここには有名な神社・**霧島神宮**があり、僕らも参拝に行きました。すると、なんと駐車場の桜が満開! 旅に出たのは4月中旬だったので、関東の桜シーズンは終わっていました。つまり、これが旅に出てから初めてのお花見。日本の季節感や、地域によって異なる自然を感

本土最南端の岬・佐多岬にて。ついに3枚目の証明書をゲット!

青い水が神秘的な雄川の滝。晴れていたら、もっと青いらしい!

南国・鹿児島へ！　満開の桜でお花見をして、夏の準備も完了

じた体験でした。

　霧島市では、僕の会社員時代の先輩と再会。彼は現在独立し、霧島市で塾を経営しています。久しぶりに会って話したら、刺激を受けてやる気がUP！　同じ職場で働いていた僕らは、今ではお互い自分で選んだ道を歩んでいます。彼との会話でも、人それぞれいろんな生き方があるんだなと勇気付けられ、前向きになれました。

　この時期から、僕らは**毎月29日を「肉の日」にして、1か月のご褒美としてお肉を食べに行く**ことに決めました。鹿児島といえば、黒豚が有名！　ということで、**黒豚しゃぶしゃぶのお店**へ。チャンは豚肉の脂が苦手だったのですが、黒豚はあっさりしていて上品な味！　それなりのお値段がするお店だったけど、「しばらく節約しよう！」と誓い満喫してきました。

　3月末の鹿児島はすでに暖かく、半袖でもいいくらい！　3月30日には、夏に向けた準備を実施。お布団などかさばる荷物は実家に送り、車内の夏服・冬服を入れ替えました。

お財布を
握りしめて食べた黒豚！

城山公園の
展望台から見た桜島。
ここから見る桜島が一番好きでした！

ジョン君も一緒に記念撮影！

満開の桜に癒やされました。

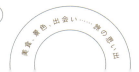

2024
4月

熊本

熊本といえば、じろー君の大好きな**熊本城**！ 実は、じろー君はお城マニアなんです。熊本城はお城の中でも特に歴史があり有名なので、「絶対に行きたい！」とおねだりされて観光に行きました。私は歴史が苦手なのであんまり分からないんだけど、じろー君が喜んでいたので、よし。

それから、熊本各所にある漫画**『ONE PIECE』の像めぐり**もしました。この像は、2016年に発生した熊本地震の復興支援プロジェクト。作者の尾田栄一郎先生が熊本出身ということで立ち上がった企画なんだって。私たちは『ONE PIECE』が大好きなので、お互いの好きなキャラを中心に10人コンプリートを目指して探しに行きました。私の大好きなジンベエは御輿来《おこしき》海岸の近くに、じろー君の大好きなゾロは大津町にいます。像だけなら1日で回れるし、それぞれ近くに有名な観光スポットがあるので、像をめぐりつつグルメや絶景を楽しむのもおすすめです。

熊本グルメで有名なのが、**馬刺し**。本場で食べられるのをすっごく楽しみにしてたんです！ 地元の方におすすめを聞いて教えても

絶対に行ってほしい「ヨダレカレー」。
メニューは「丸鶏チキンカレー」だけ!
甘口か辛口か選べます。
無添加食材だけでつくられていて、油まで重くない!
ほろほろのチキンを手で食べて、
スープをかけてご飯を食べる……
書いていたらヨダレが出てきました(笑)。

じろー君は
お城が大好きで、
お城を見ると興奮。

『ONE PIECE』、馬刺し、絶景、ねこ！　憧れの古民家生活も疑似体験

らったのが**「宮本精肉店」**。てっきり飲食店で食べるのを想像していましたが、熊本では家でも普通に馬刺しを食べるんだって。

頼み方のコツは、**グラムじゃなく「〇円分ください」と言う**こと！　そうすれば予算ぴったりにカットしてくれます。いざ食べてみたら、これがもう、すっごくおいしい！　特にモモ肉が絶品だったなぁ……。

熊本では、**初めてのSUP（スタンドアップパドルボード）体験**も。熊本で唯一サーフィンができるスポット・天草に行ったところ、波がなくて断念……代わりにSUPに挑戦しました。海は透明度が抜群で、宮崎や鹿児島とはまた違うエメラルドグリーン。SUPをするのは初めてで何回かコケたけど、すぐ乗れるようになりました。船をゲットしたみたいな感覚で、めちゃくちゃ楽しかった！

そして、ここでも素敵な出会いが。SUP体験をさせてくれたカフェのオーナーさんも日本一周経験があり、熊本に移住してカフェを経営しているんだって。古民家を改造したおうちに住んでいて、お邪魔して一緒に夕飯をいただきました。古民家DIYに憧れがあるので、根掘り葉掘りヒアリング！　いつか挑戦してみたいな。

上色見熊野座神社《かみしきみくまのざ》にも
お参りしました。

御輿来海岸は、
干潮になると砂浜がウェーブ状に！
私のイチオシ絶景。
夕日のタイミングで、
また行ってみたいな。

天草は野良ねこがいっぱいいる、
天国みたいなところ！
車中泊していた場所にも
ねこがいて、私たちの車に侵入！
ジョン君が怒って
追い払っていました。

2024
4月

長崎

長崎では、まず**「フルーツバス停」**を目当てに小長井《こながい》地域へ。ここにはいろんなフルーツのバス停があり、めっちゃかわいくて写真映え抜群！　本物のバス停なので一定間隔で16個並んでいて、そこまで時間もかからず一気に全種類見られるのでおすすめです。

それから、「ねこが多い」とのうわさを聞いて十人町《じゅうにんまち》へ。野良ねこが本当にたくさんいて、1時間歩いただけで30匹くらいに遭遇！　長崎は、**「尾曲がりねこ」**と呼ばれる少し変わった尻尾のねこが多い街。尻尾がくるんと丸まっていたり、途中で曲がっているかぎ尻尾だったり、ピカチュウみたいに稲妻型だったり……そんな子が多いんです。僕らが見つけた約30匹は、みんな尾曲がりねこでした！

栄町では、**ねこ雑貨のお店「長崎の猫雑貨」**にも行きました。僕らには「ジョン君柄のねこグッズを見つけたら必ずゲットする」という謎のルールがあるので、ここでもハチワレ柄のグッズを購入！　たくさんのグッズの中から、眼鏡拭きと、ひげ袋をセレクトしました。ひげ袋は、ねこのひげが抜けたときに保管しておくための袋。ひげが抜けるのはとてもレアなこ

ねこグッズを買える
ねこ雑貨のお店。
ねこ好きは必見です！

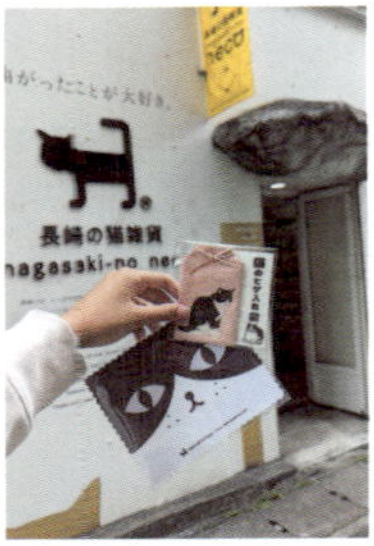

こういう
トリック写真を
撮るのも
おすすめ！

メロンのバス停。
ほかにも、イチゴなどの
バス停が並んでいます。

東西南北の証明書をゲット！
日本一周旅の節目となった長崎の旅

となので、お守りにするのです！

長崎市で印象に残っている景色は、**眼鏡橋**。ネットで見つけたときは「うーん、あんまりたいしたことないんじゃない？」なんて言っていたのですが、いざ行ってみたらかなり楽しめました。川には鯉が泳いでいて、散歩していて気持ちいい、自然を感じる場所です。

200以上の島が密集している地域・**九十九島**《くじゅうくしま》では、またSUPを体験。ここでインストラクターをしている方から、たまたまDMで「ガイドしますよ！」と連絡をいただいたのです。その方が「SUPで無人島に行って朝ご飯を食べる」というコースを考えてくれて、半日くらいかけてガイドしてもらいました。久しぶりに身体中で自然を満喫して、最高の時間を過ごしました！

そして、**日本本土最西端・神崎**《こうざき》**鼻**《ばな》**公園**へ。証明書をゲットし、これで東西南北すべてをゲット！

これまでの旅を思い出して、達成感もあり感動。日本一周しなくとも、九州と北海道に行けば揃うんだな……と、思ったよりも早く達成した喜びを噛みしめたのでした。

眼鏡橋にて！　水面に反射して眼鏡に見えるのです。

SUPのインストラクターさんが佐世保バーガーをご馳走してくれて、九十九島観光公園の展望台で食べました。綺麗な景色とおいしいハンバーガーで、最高の思い出。

日本本土最西端・神崎鼻公園にて！ポーズが小学生すぎる（笑）。

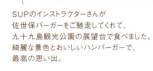

2024
5月

佐賀

佐賀県の旅を振り返ると、ものすごく濃い体験ばかり！　語り切れないくらい楽しい思い出がたくさんできました。まずは佐賀に入って初っ端、友人がプロデュースしてくれた「１日観光」を満喫。大学時代の友人が佐賀に住んでいて、オリジナルの観光コースをつくって案内してくれたのです！

「１日観光」でとにかく感動したのが、**七ツ釜**《ななつがま》。国の天然記念物に指定されており、その名の通り７つの洞窟が並列しているスポット。船に乗って中に入ることができるのですが、とにかく海が青くて綺麗！　それから、**「浜野浦**《はまのうら》**の棚田」**にも大感動。行った時期がすごくよくて、田植え前のため水が張られており、まるで鏡みたい……！　稲が生えてくると、この景色は見られないので、４月頃に行くのが超おすすめです。

グルメで印象深いのは、**呼子**《よぶこ》**の活イカ！**　ちょっとお値段はしますが、大きくて新鮮なイカを余すところなく堪能できるんです。これの最高なところが、お刺身だけでなく天ぷらも食べられるところ！　ゲソ部分を揚げてくれて、一度に２つの味を楽しめるんです。猛烈においしかった〜。呼子では

活イカのお刺身は、
まだ動いているくらい新鮮！
ぴかぴかしてました。

天然記念物の
七ツ釜！

浜野浦の棚田、
別名「千枚田」。
水平線に沈む夕日が、
海と田んぼをオレンジ色に
染めていく様子が神秘的。

またもや移住候補地!?
自然豊かな佐賀で、濃い〜体験

街のいたるところでイカが干されていました。

「1日観光」を終えてからは、GWの人ごみを避けて**波戸《はど》岬のキャンプ場**に滞在。1週間ほど過ごしたのですが、ここでは**第2次釣りブームが到来！**　キャンプ場から歩いて行ける海岸で釣りができるので、そこで釣れた魚を調理して食べるという自給自足生活をしていました。唐津の端っこには**「玄海海中展望塔」**という海中のトンネルがあって、野生の魚の泳いでいる姿が見られて面白かったです。

それから、GW中には**「有田陶器市」**へ。私は陶器のお皿が大好きで、目移りしながら複数枚を購入！　揺れの多い車内ではあまり使えないので、今はじろー君の実家に預けてあります。

佐賀は、とにかく予想外なほどに楽しかった！　魅力度ランキングでは下位常連の県だけど、私たちはとっても好きな場所。自然豊かなのに都会的な場所にも行きやすいし、私たちが「住みたい」と思う場所の条件にもぴったり！　人も温かいし、期待以上に素晴らしい場所でした。

陶器市にて、
ジョン君に似た
ねこのお皿もゲット。

虹の松原。
防風林の役目を
果たしているんだって。

ビッグサイズの
カサゴ!
唐揚げにして
食べました。

FUKUOKA

2024
5月

福岡

自然豊かな佐賀旅を終えて、九州の最後に訪れたのは福岡県。まずは糸島市に行くことにしました。

糸島は、一言で言うと**「すごく住みやすそう」**な街！　湘南のような雰囲気で、海沿いにはおしゃれなカフェや飲食店が並んでいます。かと思えば、サーフスポットやキャンプ場があったり……ここも、僕らの理想とする移住地の条件がそろった街でした。海の目の前でタコスを食べて、地域ねこのきびなごに会いに行って、気ままに過ごしました。

糸島では、強烈な出会いがありました。それは、頭の中が〝サーフィンとねこと犬だけ〟の通称サムさん！　僕たちのことを気にかけてくれて、「ジョン君が脱走しないように」とエアタグをプレゼントしてくれたほど、優しい人。脱走したねこや犬を真夜中まで探し回って、ねこ探偵みたいなことをするなど、動物思いな姿が記憶に刻まれています。

糸島市を出て、次に向かったのは福岡市。**福岡市内は、とにかく食べ物がうまい！**　写真を見返しているとヨダレが出てきちゃいそうなくらい、グルメ色が強い街で

大宰府の近くには
食べ歩きできるお店もずらり。

ニラがいっぱい入った
「前田屋」のもつ鍋!
鍋はもちろん、酢もつも
本当に絶品だった!

チャンの親友と
中洲の屋台で飲み歩き!
合計4軒はしごしました。

飲みすぎ・
食べすぎて、
次の日から
筋トレ
頑張りました。

ねこ大好きサーファー・サムさんとの出会いと、グルメを楽しんだ福岡旅

した。**一口餃子**は1皿に10個入っていて、最初は「10個食べ切れるかな」なんて言っていたのですが、最終的には1人20個をペロリ。ポテチを食べるみたいなスピードで食べてしまいました。

太宰府では**太宰府天満宮**を参拝。自然そのままの印象だった伊勢神宮に比べて、太宰府のほうはモダンで、橋などの建物と自然が調和していて映えていました。

いっぱいご飯を食べて元気になったのですが、2日くらい滞在しているとちょっと息苦しくなり、身体が自然を求め始めました。都会ももちろん楽しい。けれど、やっぱり僕らは自然豊かな場所が大好きなんだなと再確認した福岡旅となりました。

福岡には1月に大寒波が到来したタイミングでも1週間ほど滞在しました。北九州市にある友人の豪邸に泊まらせてもらい、友人のお父さんが鮮魚店を営んでいるということで、滞在中に「競《せ》り」を体験させてもらうことに！　早朝（深夜!?）に市場に行き、チャンが見よう見まねでフグを競り落とすことに成功！　お父さんが捌いてくれて、お寿司を握って食べました。

最終日の夜、ご家族と一緒にもつ鍋を食べていたら、いきなり目の前に打ち上がる花火！　なんと、僕らへのサプライズとして用意してくれたのだとか。感謝と感激で胸いっぱいの夜でした。

嵐のCMで有名な
「光の道」が見られる、宮地嶽《みやじだけ》神社。
時間帯と時期がぴったり合うと、
夕日が参道に落ちて茜色に輝きます。

サムさん！　本当に動物を愛していて、
ちょっと怖そうな見た目との
ギャップがすごい。

遊歩道を歩き散策できる、篠栗九大《ささぐりきゅうだい》の森。
池に円柱形の木が浸かっていて、
幻想的な雰囲気。

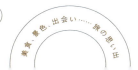

春夏秋冬

シーズンごとのおすすめ情報

季節によって全く異なる景色を楽しめるのも日本の魅力!
すべての場所の四季を見ることはできないながらも、
「このタイミングで来られてよかった……!」と感じる瞬間がたくさんありました。
お休みが取れるタイミングでの旅行先選びにぜひ活用してください。

SPRING

鹿児島県

早咲き桜が見れるエリア！3月中旬から開花するので、関東よりも早く、満開の桜のもとでお花見ができます。

宮崎県

温かいので、春でも半袖でOK。軽装で自然豊かな観光スポットをめぐれます！

茨城県（国営ひたち海浜公園）

丘一面のネモフィラが絶景！真っ青のネモフィラカレーを食べるのも忘れずに。

SUMMER

北海道
（特に道東・道北）

標高が高いところを狙って行くと、涼しくて過ごしやすい！　場所によっては、夜はパーカーを着ないと寒いくらいの場所も。本州とは気候が全く異なります。それから、どこのソフトクリームも滑らかで濃厚レベルMAX！　特に「おこっぺアイス」は忘れられない……。

AUTUMN

秋田県
（乳頭温泉付近）

紅葉を見ながら温泉に入れて最高の気分！

熊本県
（阿蘇周辺）

阿蘇周辺はいつ行っても楽しいけれど、秋が一番美しい！

青森県
（奥入瀬渓流）

十和田市の紅葉は見事！ キャンプにも最適な季節です。

WINTER

大分県
（別府）

寒い冬には別府で温泉めぐりがおすすめ。どの施設も安いのが嬉しい！　ジョン君が生まれた海門寺温泉は駅からも近いので、ぜひ行ってみてくださいね。

部門別

絶品グルメランキング

おいしいご飯は旅の醍醐味！
本のために「グルメ全体で5つ選ぶように」と言われたのですが、
食べることが大好きな私たちは全く絞り切れず……。
各部門に分けてたっぷり紹介します!

肉部門

第1位

「さわやか」の
ハンバーグ（静岡）

牛肉100％の肉肉しいハンバーグ。肉好きにはたまらない！　1個じゃ足りない！

第2位

「前田屋」の
もつ鍋（福岡）

もつ鍋はもちろん、酢もつ、もつの天ぷらなど、ほかのメニューもかなりおいしい。

第3位

「宮本精肉店」の
馬刺し（熊本）

馬刺し好きなチャンの姉に送ったら「本場のおいしさは、ほかと全然違う！」と言っていました。

第4位

「利久」の
牛たん（宮城）

じろー君は最後の晩餐《ばんさん》で食べたいらしい。麦ご飯や薬味との相性が抜群！

第5位

「おぐら」の
チキン南蛮（宮崎）

チキン南蛮って庶民的な料理だけど、ここのは格別。滞在中に5回くらい食べました。

第6位

「とん田」の
豚丼（北海道）

帯広名物。肉厚な豚肉に甘辛いタレが絡んで絶品でした！

ご当地グルメ部門

第1位

「カレーショップインデアン」のカレー
（北海道・帯広）

今まで食べた中で一番好きな、日本一のカレー。全国展開してほしいくらいおいしい！

第2位

「ラッキーピエロ」のハンバーガー
（北海道・函館）

じろーはチャイニーズチキンバーガー、チャンはラッキーエッグバーガーがイチオシ。

第3位

「ハセガワストア」のやきとり弁当
（北海道・函館）

コンビニのクオリティを完全に超えてる！ すごく香ばしい。

第4位

肉汁うどん
（埼玉）

埼玉のご当地うどんは麺が太くて歯ごたえがあり、もちっとおいしい！ 肉とも相性ぴったり。

第5位

バラ焼き
（青森・十和田）

牛丼みたいな味でシンプルにうまい！ 最後に卵を入れて、すき焼き風にしました。

第7位

「炉ばた焼 八幡」の地鶏の炭火焼き（宮崎）

予約必須の居酒屋。ゆずこしょうを付けて食べると、お酒と相性ぴったり。

第8位

別府のとり天
（大分）

どのお店もおいしい！ チャンの元バイト先「肉は別腹」のとり天もおすすめ。

第9位

黒豚しゃぶしゃぶ
（鹿児島）

お値段はちょっと張るけど、さっぱりしていて、上品な味わい。

第10位

「ハーベスター八雲」のハーブチキン（北海道）

チリソースがけの骨なしチキンが特においしい！ 食べ放題ができるタイミングも。

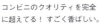

麺部門

第1位

「中洲らーめん 恭や」の博多らーめん
（福岡・中洲）

飲み歩いた後に食べる、〆の博多ラーメンが最高すぎる。ラーメン界で一番かも!?

第2位

「ひない軒」のラーメン
（秋田）

「は～！」と声が出ちゃう奇跡のスープ。

第3位

「坂内《ばんない》食堂」の喜多方ラーメン（福島・喜多方）

肉好きにはたまらない逸品。朝からさっぱり食べたい！

第4位

「チャイナタウン」のチャンポン麺（秋田）

お肉や野菜、海鮮の甘みを感じるトロッとしたスープがうまい。

第5位

「梅光軒《ばいこうけん》」の旭川ラーメン
（北海道・旭川）

濃厚なしょうゆスープ。濃い味が身体に沁みる～！

海鮮部門

第1位

「海味はちきょう」の元祖つっこ飯
（北海道・札幌）

丼からあふれるくらい大量のいくらを食べられる。まるで、幸せの塊！

第2位

まぐろ
（青森・大間）

今まで食べたまぐろで一番！食べたことを後悔しないおいしさ。

第3位

イカ
（佐賀・呼子）

コリコリした刺身が絶品。味変して天ぷらにできるのも嬉しい！

第4位

「炭焼うなぎ あおいや」のうな重（静岡・浜松）

皮目がパリッとしていて、中はふわふわ。

第5位

「七厘村」の八戸サバ
（青森・八戸）

焼いて食べたサバの開き。大きくて身がたっぷりで、甘い！　臭みも全くなかった。

サウナ付き

温泉おすすめ4選

2人で
評論家ごっこして
遊んでいるん
だよね!

全国でたくさん入ってきた温泉の中から、
サウナ付き施設のおすすめを選びました!

これはサウナ有りの温泉のみを評価している。
サウナや温泉の温度や外気浴の快適さを考えたレビュー。
水飲み場の有無も考慮している。

第1位 やまなみの湯（大分・別府）

コスパ	★★★★★
綺麗さ	★★★★★
風呂	★★★★★
サウナ	★★★★★

サウナの種類が多い！　大学時代からあるけど改装してパワーアップしてました。毎日でも行きたい。

第2位 ヤムワッカナイ温泉 港のゆ（北海道・稚内）

コスパ	★★★★☆
綺麗さ	★★★★★
風呂	★★★★★
サウナ	★★★★★

木の香りがするサウナ室からは港が見えて、綺麗な館内には外気浴のための椅子もサウナグッズもたくさん！　天然温泉も気持ちよかった〜。

第3位 サウナしきじ（静岡）

コスパ	★★★☆☆
綺麗さ	★★★★☆
風呂	★★★★★
サウナ	★★★★★+∞

サウナ好きが全国から集まる聖地で、薬草サウナが有名。あっつい蒸気が名物で、みんな顔全体にタオルを巻いていて泥棒状態（笑）。

第4位 ユーランドホテル八橋（秋田）

コスパ	★★★★☆
綺麗さ	★★★★★
風呂	★★★☆☆
サウナ	★★★★★

サウナだけでなく、お風呂もバリエーション豊富で楽しい。ホテル内の温泉だから整理されていて綺麗！

温泉評論家の私たちが
厳しく採点しておりますので、
この4つは行って
損はないです（笑）!

一生に一度は行きたい

絶景ランキング

日本の自然は本当に美しい!
ときには広々とした景色を眺めてリフレッシュしてみてはいかがでしょうか。
僕たちにとって特に思い出深い絶景はこの5つ。
1人で見ても、大好きな人やペットと見ても、感動すること間違いなしです。

第1位　摩周湖の雲海（北海道）

雲海はもちろん、「摩周ブルー」と呼ばれる青い湖水が美しい。
摩周湖の水が流れ込んでできた「神の子池」も透明度抜群。

第2位
浜野浦の棚田
（佐賀）

田植え前の時期に行くのがおすすめ。水が張った田んぼに太陽が反射して、時間帯によって異なる表情が見えます。

第3位

阿蘇周辺
（熊本）

阿蘇は、1スポットに絞れないくらい綺麗な場所。特に印象深いのは、大観峰《だいかんぼう》と草千里《くさせんり》ヶ《が》浜《はま》。

第4位

猿払村《さるふつむら》道 エサヌカ線（北海道）

運がいいと、「エゾシカ線」と呼びたくなるくらいたくさんのエゾシカが見られる。海外みたいな大自然を感じます。

ランキングにある場所、ぜひ行ってみてね！

好きな景色が多すぎて、これ決めるのに5時間かかりました！

第5位

函館山の夜景
（北海道）

険しい道中を進み、頂上にたどり着いた瞬間、そこに広がる夜景に大感動！　ロマンティックな場所なので、カップルにおすすめ。片思いの人は、ここで告白したら成功率90％を超えるのでは!?

定番車中泊メシ

チャンちゃんクッキング!

楽しいバンライフには、おいしい食事が必須条件!
車内でも簡単につくれる、車中泊メシをご紹介します!

第2位
ガパオライス

大学時代からチャンがよくつくっている得意料理。じろーもお気に入り!

第1位
ローストビーフ丼

全国各地、地元の牛肉を使えるのが嬉しい!
今のところ、佐賀牛が一番おいしかったです。

第5位
アボカドトースト

アボカドの脂質は良質で美容にもいいですが、食べすぎると太るので注意! 本当は2〜3枚食べたくなっちゃうメニューです!

第4位
オートミール

私たちの朝ご飯の定番! 各地の旬の果物を乗せて食べられるのが楽しい!

第3位
角煮

炊飯器でつくると楽チンで、お肉が柔らかくなるのでおすすめです! じろー君は生姜を多めに入れるのが好き!

JIRO

今後の旅行計画

日本一周旅はまだまだ続きます！　これからの予定は……。

●2024年5月末〜6月：四国旅。この先は2作目で……？
●2024年7月〜：宮崎に家を借りて、いったん旅をストップ。暑い夏を乗り切る！
●2024年10月〜：バンライフ再開。日本海側を中心にめぐる。
●寒くなったら：近畿地方へ行き、旅をしながら春を迎える。
●2025年、春頃から関東〜東北旅。
●旅の終わり：富士山へ。日本一周・完！　乗り越えられたらきっと自信になる！

JIRO

旅中に衝撃を受けた「生き物」と「方言」

恐怖を感じた「クスサン」襲来事件

北海道・道北を旅しているとき、**「クスサン」が大量発生する事件**が起こりました。クスサンとは、個体によって15センチほどの大きさにまでなる巨大な蛾です。気になる人は「クスサン」で検索！　自己責任で（笑）！

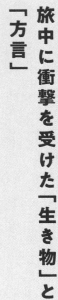

道の駅に立ち寄った際に、黄色い落ち葉をカラスが食べているなと思ったのが最初の出会い。その黄色い落ち葉は、クスサンの死骸だったのです。

光に集まる習性があるため、夜にショッピングモールや街灯に近づくとショッキングなレベルでブワ～ッと飛んでいます。スーパーの周りにも何百匹も飛んでいて、外に出るのも怖い。だからこの時期は、ダッシュで車の外の目的地に行って、ダッシュで戻ってくるという生活を過ごしていました。

北海道では、近年クスサンの大量発生が続いているのだとか。特に札幌～旭川のあたりがすごいみたいです。クスサンは寿命が短いため、恐怖期間は長くは続きません。でも1週間ほどは、外に出るのが恐怖でした……。北海道の道の駅では、きつねに靴を取られて食いちぎられたことも……。皆さん、旅行中は生き物にご注意を。

言葉の違いが面白い

もう1つ、旅で刺激的なのが「方言」です。イントネーションが違うくらいだったら分かりやすいのですが、使う言葉自体が違うこともよくあります。

たとえば、静岡だと「サーファーだもんで」などのように言いますが、この「だもんで」は「だから」という意味だったり、北海道だったら、「大丈夫」を「なんも」って言ったりします。福岡の「しようと」とかもかわいいですよね。

タクシーの運転手さんやお店のお客さんに話しかけてもらえると、嬉しい半面、地元ならではの方言を活用していて頭の中は「?」でいっぱいなことも。チャンは日本語ペラペラですが、方言は難しいみたいで、困ったときには僕を頼ってきます。

TRANG

旅を通じて変化した、夫婦の価値観

旅を通じて、私たちはたくさんの人に出会いました。**「こんなふうになりたい！」と思うような、理想のご夫婦**もいました。

新しい出会いの後、私たちはドライブしながら深く語り合います。

「あの考え方素敵だよね」とか「自分たちだったらこうするよね」とか、「私たちにはできないね」とか……けっこう、ガチめに将来の話をします。

今はそうやって、**2人が理想とする暮らし方をどんどん見つけている最中**です。

旅を始める前、私たちはとりあえず「好きなことをして生きていきたい」と思っていました。でもいろんな人と会う中で**魅力を感じるのは、自分の好きなことだけをしてい**

る人よりも、「住んでいる地域や周りのために仕事をしている人」。

たくさんの出会いを通じて、私たちも「いつか地域の人の役に立つ仕事がしたい」と思うようになりました。たとえば、漠然と「ネイルが好きだからネイルサロンを開く」ではなく、**暮らす街に必要かつ自分にできることをやりたい**。

まだ「ここだ！」という移住先は決まっていないんだけど、いつか住む場所が決まったら、**街に必要とされることをライフワークにしたいな〜**。

いろんな街を見て思ったのは、**「場所によってカラーが全然違う」**ってこと。住む人や飲食店の雰囲気が全然違うから、最近は**自分たちが「どの地域の雰囲気に染まりたいか」**もよく考えています。

それから、旅をしていると**「いろんな仕事があるんだな」**と気付かされます。仕事というと「雇われること」と考えがちだけど、旅をしていると本当にいろんな人に出会います。お店をやっている人、農業や漁業をしている人、フリーランスで活躍している人、ほかにもいろいろ。フルリモートを生かし、全国を旅をしながら会社員をしている方もいました。

「仕事」でお金を稼ぐだけではなく、車の中で育てたハーブを使って料理をしている方や、自給自足生活をしている方とお話ししたことも。そのたびに、「こういう暮らしもいつかしてみたいな」と目標が1つずつ増えていきます。

私たちは、今はYouTuberをしています。最初は1円も稼げなかったけど、今では少しずつお金をもらえるようになってきました。今の活動がずっと続くか分からないけれど、必要とされていることや、やりたいことがあれば、なんでもできるようになりたい！

旅を通じて、**「どうにか生きていく力」**が付いたと思います。**スタンダードな選択がいつだって自分の正解になるわけではない**のです。**ちょっと変わった道でも楽しく生きていけるんだと実感し、少し自信もつきました。**

旅を通じて、私たちの関係性も少し変化しました。なんというか、**パートナーとしてより安心できる存在になった**気がします。

じろー君は、少し精神年齢が高くなったかな？　旅に出た初期は将来の話をしていても「ＹｏｕＴｕｂｅ楽しいよね」くらいしか選択肢が出てこなかったけど、今は**「自分だったらこういうことで役に立てる」「こういう仕事がしたい」と具体的な未来を語ってくれます。**これから一緒に生きていくパートナーとして頼りになるなぁ、と、心から思えるようになりました。

同じ車の中で一緒に行動していて、話すことが多いから、自然とお互いのことを「じろー君ってこうだよね」「チャンってこうだよね」と話す機会も増えました。嫌なところを突かれるとイラッとするけど、**相手のことだけでなく自分のことも理解できるようになった**気がします。

旅を通じ、私たちの価値観はどんどん変化しています。旅を終える頃には、今とは全然違うことを考えているかもしれません。

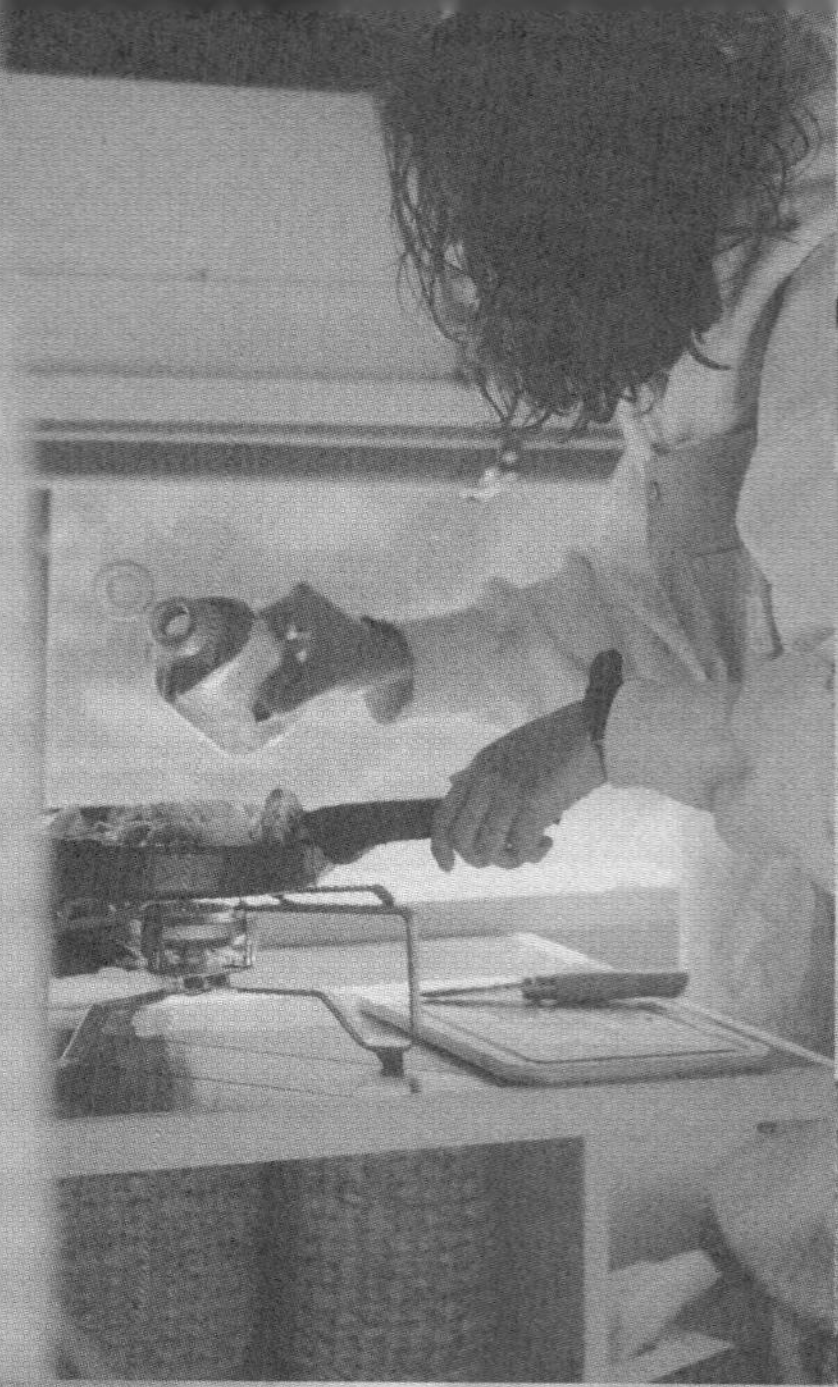
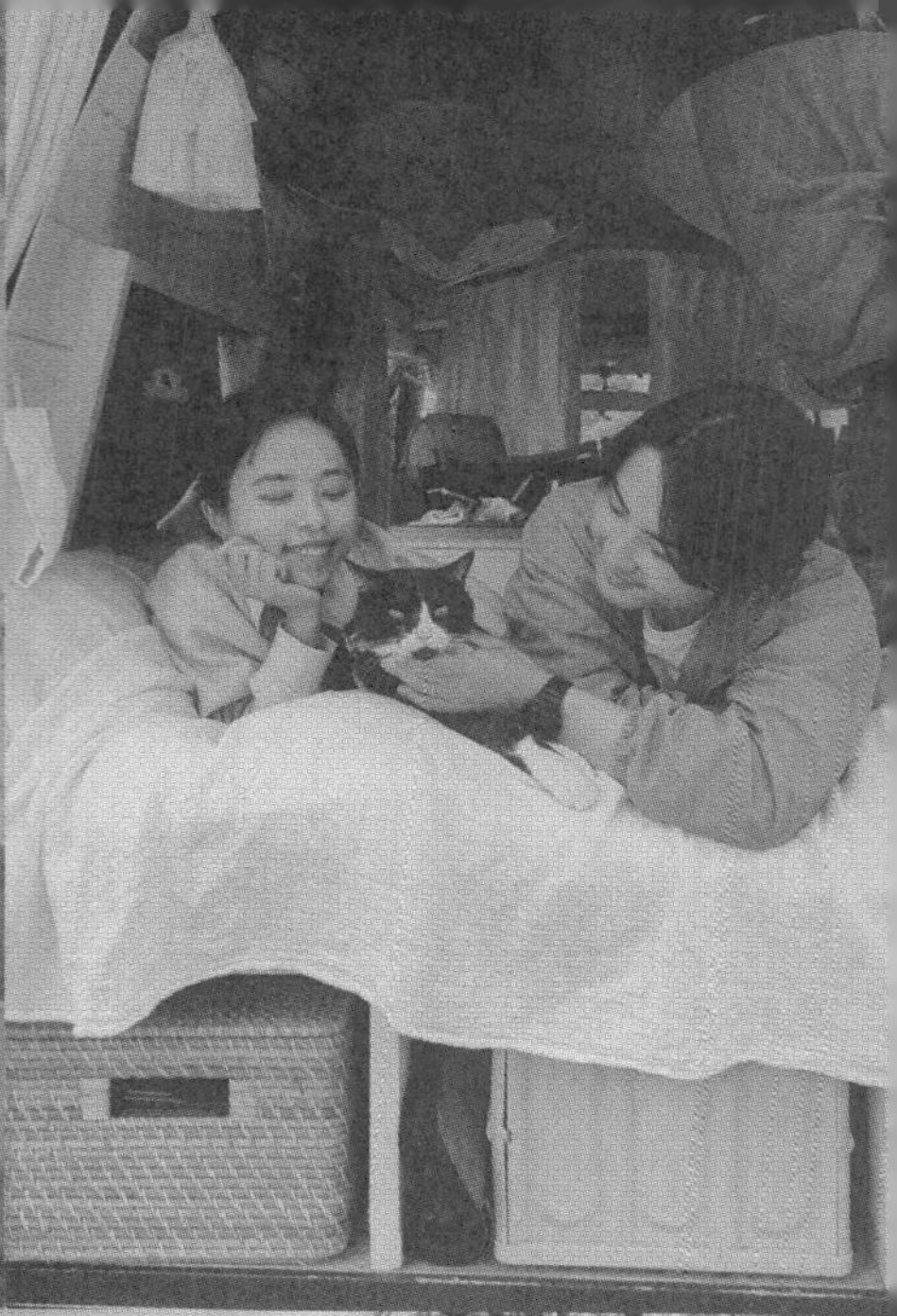

CHAPTER 3

お金は？　健康は？　くるま旅ライフハック

JIRO

長期くるま旅のライフハック

1年以上バンライフを続けてきた僕たち。環境に慣れるまでは大変でしたが、「いかに快適に旅するか」を追求してきた結果、僕ら流のライフハックがたまってきました。

ここでは、明日から使えるくるま旅のライフハックをご紹介します！

▼ゴミの捨て方

「ゴミはどうやって捨てているんですか？」という質問が視聴者さんからよく寄せられます。

僕らは車内のゴミをなるべく減らす生活をしていて、たとえばコンビニで買ったご飯はその場で食べて、容器をそのコンビニのゴミ箱に捨てたりしています。でもジョン君のトイレゴミもあるし、自炊もするので、ゼロにはできません。

正直、ゴミの管理はちょっと不便……。車内のゴミ箱にためておいて、**キャンプ場など有料でゴミを回収してもらえる際に許可をもらい、まとめて捨てています。**

また、各地にある**「クリーンセンター」**にもお世話になることがあります。ここでは10kg数百円で、持ち込んだゴミを捨てることができます。基本的には住民しか利用できないのですが、その市を旅行している中で出たゴミであれば受け入れてもらえることも。事前に電話をして、許可をもらってから行くようにしています。

▼お風呂

家に住んでいないと、お風呂はどうしているのか気になりますよね。僕らは大きく4つの方法で毎日の清潔を保っています。

1つ目に、**ネットカフェ「快活CLUB」に行く**こと。シャワー施設のある店舗を探して利用します。滞在時間によって料金が変わるので、2人で決めた目標時間内にシャワーを浴びて、飲み物を飲んで、ソフトクリームを食べて、携帯の充電まで済ませるのが僕らのフルコースです!

2つ目に、**その土地の温泉・サウナへ行く**こと。**「サウナイキタイ」**というアプリで検索し、近場のおすすめを探します。観光としても楽しめるのが魅力ですよね。

3つ目、僕らはサーフィンをするので、**サーフスポットでそのままシャワーを浴びる**こともあります。場所によってはシャンプーが使えないので、注意が必要です！

4つ目、これが最近の定番なのですが、**ジム「エニタイムフィットネス」**も僕らにとっては絶好のシャワースポット。7000円ほど月会費はかかるものの、全国各地に店舗があって便利だし、24時間、好きなときに身体を動かせて一石二鳥なんです！

▼宅配便・郵便の受け取り

旅中は、スーパーや道の駅で買い物をすることが多いです。でも、なかにはそういった場所では手に入らないものも。手紙や荷物を送ってもらうこともあります。

そんなとき、僕たちは大きく分けて2つの方法で対応しています。

1つ目に、**「営業所止め」「郵便局留め」**という方法です。

送り主にお願いをして、**届け先の欄に自分たちの滞在場所近くにある配送業者の営業所や郵便局に留め置きと書いてもらいます**。そうすれば、家の住所がなくても、その場所へ行けば荷物を受け取ることができます。

配送業者によって営業所の場所が違うので注意が必要です。

2つ目に、**Amazonロッカーの活用**です。たとえば愛飲しているプロテインやサプリメントなどはAmazonを活用して購入しています。

Amazonで頼むと「Amazonロッカー」を使うことができます。コンビニに場所指定をして受け取れるし、頼んだ翌日〜翌々日には届くのでとても便利！

うまく活用することで、不便を感じることなくバンライフを送ることができます。

▼服装

僕らが**服選びをする際の一番のポイントは、「動きやすさ」**。そして**「シワにならない」素材選びも大切**です。

車内には限られたスペースしかなく、ハンガーにかけて置いておくことはできません。そのため、服はくるくるっと巻いて引き出しにしまっておいてもOKな素材を選んでいます！

旅先ではかわいいワンピースなどを着てオシャレをしたいこともあると思います。でも、そういった洋服の多くは、手洗い洗濯が必須。

旅中はコインランドリーで洗濯をするので、繊細な素材は要注意です。事前に洗濯マークをチェックして、**ガシガシ洗ってもOKなものを選ぶのがおすすめ**ですよ。


僕らの場合、引き出しに入っている**替えの服は2～3セット**ほど。もちろん下着は毎日替えますが、それ以外は同じ服を着ることも多いです。

また、僕らは**「黒系の色はなるべく避ける」**ようにしています。なぜなら、ジョン君の毛だらけになっているのが目立つから（笑）。


チャンはおしゃれが好きで、旅を始める前まではたくさん服を持っていました。僕も古着が好きだったり服をプレゼントにもらうことも多かったりで、けっこう服は多いほうだったと思います。友人と会ったときに「また同じ服着てる！」と思われるのが嫌で、服は増えがちでした。

でも、そんな僕らも今は**2～3セットで十分**。ユニフォームみたいな感覚で、頻繁に同じ服を着ています。

ユニフォームが決まっているメリットは、「服を選ぶのに時間を取られない」こと。ほかのことに時間を使えるので、時間に余裕が生まれます。

今持っている服は全部お気に入りなので、どれを着てもテンションが上がります。以前はいろんな服をたくさん持っていたけど、今はお気に入りが数着あるだけでいいなと思うようになりました。

仮に高い服だったとしても、長く使えるなら問題なし。旅を始めてから、**服を買うときの基準は金額ではなく「本当に気に入っているか」「長く使えるか」**になりました。

ちなみに、僕は**寝るときにパジャマは着ません。**日中来ている服は脱いで、ユニクロで買ったTシャツを着て寝ます。春・夏・秋は半袖半ズボン。夏は、上半身裸で寝ることも多いです。冬は、長袖長ズボンにプラスして、着る毛布で暖を取ります。

パジャマを着ない理由は、**そのまま外に出られないから。**車中泊の場合、お手洗いのほか、歯磨きや顔を洗うタイミングで公共の場所を使う必要があります。そのため、**車外で人に会っても恥ずかしくない恰好**にしています。

JIRO

人間の暑さ・寒さ対策

車に住んでいると、頻繁に直面するのが「暑さ・寒さ」問題。いかに快適に過ごすか、これまでかなり追求してきました。

◎寒さ対策

ダウン&着る毛布は必須。ニトリの着る毛布は、モコモコで気持ちいい！　同じくニトリの**「Nウォームシリーズ」**は車中泊にかなりおすすめです。**電気毛布**も、ニトリのものを使っています。かけ布団としても敷布団としても使えるので、便利です。電気毛布を使う際は、モバイルバッテリーがないと温かくなりません。**冬はバッテリーの充電を切らさないように注意が必要です。**

また、**ジョン君を抱いていると最高に温かい！**　僕らは「**にゃたんぽ**」と呼んでいます。湯たんぽをおすすめされることも多いけど、低温やけどの危険があるのと、お湯を毎回沸かすのが大変なので僕らは使っていません。

極寒時の最強パターンは、寝る前に**電気ヒーター**で空気を温め、**コールマンの2人用寝袋**の中に**電気毛布**を敷き、**着る毛布**を着て、寝袋を完全に閉めて**2人と1匹でくっついて寝る**こと。これ、めっちゃ温かいです。

◎暑さ対策

ニトリの「**Nクールシリーズ**」を愛用しています。枕・シーツなどすべてをNクールにして、**寝るスペースにある物を極限まで減らします。**　物が多いと暑さを感じやすいので、要注意。また、**扇風機**もよく使っています。

換気をしたほうがいいので、日中は窓を全開に。外気を**サーキュレーター**で車に入れ込み、後ろの扇風機で流れをつくっています。DIYのときに車に換気扇をつけていたら、もっと涼しくなったと思います。寝るときは窓にネットをかけて、虫が入らないように、またジョン君が出ないように対策しています。

温泉やサウナに入ると、意外なことにめっちゃ涼しくなります。たくさん汗をかいて最後に水風呂に入るからなのか、びっくりするほど爽やか！

お風呂に入れない日は、**ひんやりするボディシート**を活用。身体中をシートで拭いて、扇風機に当たると涼しくなります。

また、**氷の溶けない水筒**を使うのもおすすめです。

スーパーに行くたびに氷を買って入れておくと、余裕で2~3日持ちます。いつでも冷たい飲み物を飲めるよう、夏は常備しています。

離れ業としては**「標高の高いところ」に行く**こと。また、**海沿いは風が強いので涼しいですよ！**

涼しい場所を探すときには、天気予報アプリ「ウェザーニュース」がおすすめです。

僕は中学生からこのアプリを使っており、数ある天気予報アプリの中で一番当たる気がしています。中学時代は、野球部の練習が雨で休みになるとすごく嬉しかったので、「雨になれ〜!」と思いながらこのアプリを見ていました。

2023年の夏に北海道を旅していたときは、猛暑だったので「ウェザーニュース」を使って、毎日少しでも涼しい場所を探していました。

こう考えてみると、暑さ対策はけっこう原始的。文明に頼るのは扇風機と天気予報くらいで、あとはいろんな工夫をして乗り切っています。

◎暑さ・寒さ共通の対策

共通の対策が、**サンシェード**。全ガラスに貼ることで日光を遮断できるので、暑さ対策にぴったり。車内外の温度は5〜10度くらい変わります。冷気が入らないため、冬は少し暖かく感じます。

TRANG

車に住んだら、不健康になった!?

くるま旅をしていると、常に付きまとうのが健康問題。

まず、急激に**運動不足**になります。

コンビニに行くにも車で移動するようになるので、１日の歩数が１０００歩以下なんてこともザラ。会社員時代は通勤するだけである程度運動ができていたんだなぁと実感します。

また、車内では長時間同じ姿勢でいるため、**腰痛や肩こりなども出やすくなってしまいます。**腰痛がひどくなり、旅の途中で整体に駆け込んだことも……。

体調管理のため、今は２人でジム通いをして、食事にも気を遣うようになりました。

健康を考えるようになったのは、別府を旅しているときに私が体調を崩したのがきっかけ。胃腸炎のような症状が現れて、嘔吐と下痢が止まらないような状態に……。揚げ物を食べると吐き気が出てしまい、食事もまともにできませんでした。

そんな状態を改善すべく、2人そろってジム「**エニタイムフィットネス」に入会。**2人で通うメリットは、**お互いのモチベーションを補い合える**ことです。片方が「今日は行きたくない」という気分でも、もう片方が「いや、行こう!」とお尻をたたくことができます。今では、ジム通いが共通の趣味に。サーフィンのできない日はジムに行くなど、習慣化できています。

ジム通いを始めて、まだ3か月ほど。でも、なんとなく成果を感じ始めています。身体がガッツリ変化するまでは数年かかるのかなと思いますが、心身ともにいい影響が出ていることを実感。**身体を動かすのは、やっぱり大事!**

ジム通いを始めてからじろー君との喧嘩が減りました。一緒に身体を動かせるのでストレス発散になり、最近はすごく平和です。

1日3食！ しっかり食べてストレスも減少

車生活の難点は、**野菜をあまり食べられない**こと。保管しにくいため、おのずと野菜の量が減ってしまうのです。スーパーのお惣菜やお弁当、ファストフードで済ますことも多く、栄養はだいぶ偏っていたと思います。

ジム通いを始めるのと並行して、食事にも気を遣うようになりました。栄養不足を補うために、**毎日プロテインとビタミンのサプリを飲んでいます。**

プロテインのお気に入りは、ＲＥＹＳ「ＷＨＥＹ ＰＲＯＴＥＩＮ」の**カフェオレ風味とロイヤルミルクティー風味。**特に、カフェオレ味は濃厚で甘く、スターバックスのキャラメルフラペチーノみたい！ 今までいろんなプロテインを飲んできた中で、一番おいしいです。1日に2〜3回は飲んでいるかな。

また、ビタミンは**ＶＩＴＡＳの「ＶＩＴＡＰＯＷＥＲ」を飲んでいます。**食事では取り切れない栄養がたくさん入っているので、飲み始めてから肌荒れが減りました。これは、1日4回飲むよう心がけています。

私の場合、「VITA POWER」を飲み始めてから生理痛が少し改善されました。運動量の増加に加え、栄養状態がよくなったことが関係しているのかな？　と考えています。

そして、徹底しているのが**朝・昼・晩に必ず食事をすること**。

旅を始めてからしばらくは、金欠だったこともあり1日1食で済ませることもあったのですが、空腹の時間が長いとお互いイライラするし、喧嘩も増えます。3食食べるようになったことで、今は朝からやる気いっぱい！　夫婦仲もよくなりました。

朝食はオートミールを食べることが多いです。朝ご飯を食べない人って多いと思いますが、食べると1日の元気が全然違います！　「チャンちゃんクッキング！」のページでも紹介しましたが、うちの定番は、**旬のフルーツ&ヨーグルトと一緒に、オートミールを食べる**ことです。

ちなみに自炊をするときにも、くるま旅ならではのライフハックがあるのでご紹介しますね。

まず、調理中はまな板に**まな板シート**を敷いてからお肉などを切ると衛生的！　フライパンには**フライパンシート**を敷くと油を使わなくてもこびりつくことがありません。盛り付けるときには**お皿にラップを張っておけば洗う手間が省けます。**紙皿はゴミが増えるので使っていません。

片付けのときは、フライパンやお皿についた汚れを軽くキッチンペーパーで拭き取り、**「エコキッチンクリーナー」**をシュッとして、またキッチンペーパーで拭くだけ。水いらずでラクラクです。

皆さんもキャンプに行くときなどに、ぜひ試してみてくださいね！

そして、食事をした後は、**さんぽもセット。**じっとしていると血糖値が下がりにくく、眠くなって、やる気がなくなってしまいます。消化にも悪影響で気持ち悪くなってしまうので、必ず少し身体を動かしてから、編集や観光をするようにしています。

1日3食の食事と食事後のさんぽを徹底するようになった結果、ストレスがぐんと減りました。

夜型から朝型生活にシフト

健康を意識し始めてから、**生活スタイルも大きく変わりました。**

私たちは元々、2人とも夜型。特にじろー君は深夜2時くらいが一番元気。

そのため、旅を始めた当初は昼過ぎ~夜が活動時間。夜遅くまで編集をして、起きるのは11~12時頃という生活を送っていました。

かなり不健康な生活リズムだし、**夜遅く活動しているとチャンスロスも多く発生**します。行きたいと思っていたお店が閉まっているなど、一般的な生活リズムとズレていることで、もったいない思いをすることも多かったのです。

「それって本当によくないよね」……ということで、九州に入ったくらいから生活リズムを改善。**夜にちゃんと寝て、毎日7時、遅くとも8時には起きるようにしました。**

今の生活スタイルに変えてから、体調はかなりいい感じです。朝早く起きると午前中のうちにいろんなことができるので、1日を効率よく過ごせます。もちろん、行きたい店が閉まってる！　なんてチャンスロスも減りました。

海の近くにいるときは、朝5時半くらいに起きて朝サーフィンに行くこともあります。海に入り、シャワーを浴びて、朝食を食べたら1日がスタート。だいぶ理想的な生活では……!?

昼から稼働していたときは、暑い時間に起きるのでやる気が出ず、ダラダラ過ごす時間も長かったと思います。やっとやる気が出るのは夜になってから。結局そのまま夜更かしをして、昼まで寝て……という悪循環。

今はその悪循環を断ち切ることができたので、「またやっちまった〜！」と思うこともなく、**なんだか自己肯定感も上がった気がします**。

私たちは、夫婦で日本一周するという、とっても幸せな生活をしています。

それなのに生活スタイルのせいで体調を崩していたら、意味がない！
そんなのもったいなさすぎるし、健康だったらもっと幸せなはず。
運動不足や食習慣、生活リズムを改善してからは、いいことばっかりです！

これだけ生活スタイルについて熱弁したので、皆さんきっと私たちが具体的にどんな1日を送っているのか、気になりますよね。
次のページでは、私たちのタイムスケジュールを大公開します！

JIRO

1日＆1週間のルーティン

くるま旅をしていると、1日の流れはどんな感じなんだろう？

ここでは、そんな疑問に答えたいと思います。ただ、シーズンや場所により1日の過ごし方はけっこう変わります。旅をしているとイレギュラーも発生するので、都度、柔軟に対応しています。海が近ければサーフィンをすることもあるし、1日に2回ジムに行くこともあるし、ひたすら移動する日もあります。

その上で、僕らの1日はだいたい左の表のような感じ。

1週間の流れについても、正直、**予定はなんっも決まっていません**。僕らは計画性がないといわれているＥＮＦＰなので（笑）、予定を立てるのが本当に苦手！　今日と明日の予定を組むので精

僕は毎日4時起きだよ。じろーはいつもなかなか起きにゃい。

タイムスケジュール

7:00	起床	朝食を食べます。
8:00	トレーニング	ジムで運動して、朝シャワー。チャンはここでメイクも済ませます。
10:00	仕事	MTGをしたり、編集したり、メールを返したり……。
12:00	昼食・観光	基本、外食。その後は、公園をさんぽして、観光します。
15:00	おやつ	車に戻ってきて、プロテインを飲んだり、おやつを食べたり。
15:30	仕事	編集の続きを進めます。
17:30	スーパーへ買い出し	1日分の食材だけを買います。
18:00	ご飯をつくる	チャンが料理をしているとき、僕は編集をしていることも！
19:00	夕食	基本自炊です。
20:00	休憩	映画やドラマを観たりして、ゆったり過ごします。
21:00	ショート動画を投稿	みんな楽しんでくれてるかな?
22:00	お風呂	温泉やジムなど、場所や気分に合わせて。
23:00	寝る場所へ移動	ジョン君のさんぽをしてから寝ます。
24:00	就寝	どっちがジョン様と寝られるかの小競合いがマスト。

いっぱいなので、毎日寝る前に次の日の計画をしています。

動画や案件は不定期。仕事に合わせてプライベートの予定を立てています。それ以外は、流れるままに生きています。

サーフィンをするために波を追って移動することもあるので、あんまりガッチリ計画を立てられないのです。

僕らの性格上、「〇〇をしよう！」と計画したことができなかった場合、2人とも落ち込んでしまいがち。そのため、**「決めすぎない」のが僕らに合っているのかもしれません**。

TRANG

雨の日は「アナグマモード」で、ゆったり楽しむ

雨が降ると、私たちはその日を**「1日引きこもりデー」**にします。「アナグマモード」は、私たちの好きなドラマ『真犯人フラグ』（日本テレビ）で使われていた言葉。1日中自分の掘った穴で過ごすアナグマみたいに、のんびりします。

雨予報の前日に買い出しに行き、朝・昼・夜のご飯をすべて準備。どこにも行かなくていい状態にして、道の駅で休憩したり、キャンプ場で車中泊をしたりします。外に出るのは、お手洗いに行くときだけです。

車の中で仕事をすることもありますが、気分が乗らないときは無理せずお休み。近くに「エニタイム」があれば運動することもあるけど、**観光は基本しません。**

旅に出てみて分かったのですが、**くるま旅をしていると、意外とゆっくり過ごす時間**

がありません。毎日新しい場所に行くので、引きこもるのは私たちの「非日常」なんです。以前に比べ2人で過ごす時間自体は増えたけど、夫婦2人でゆっくり映画やYouTubeを観たりする機会はぐんと減ったんですよね……。

ということで、**雨の日は2人でゆっくり過ごすチャンス**。事前にポップコーンやお菓子を用意し、つまみながら映画鑑賞をしたり、トランプをしたり……休日ならではのエンタメを楽しみます。

ちなみに、**ジョン君は低気圧に弱い**みたいで、雨の日はずっと寝ています。いつもは朝「にゃあにゃあ」と起こしに来るのに、雨が降っていると、私たちが起きてもベッドの下に入って、「もう今日は遊ばない」みたいな完全オフモード（笑）。

雨の日は憂鬱になりがちだけど、私たちにとっては特別な日！

雨の日だからこその楽しみ方を見つけ、夫婦の時間を過ごすのです。

梅雨とか台風とか、
雨が続くときは仕事も
してるみたいだにゃ。

JIRO

ちゃんじろー流・マップ活用法

日本一周していると、ありがたいことにYouTubeのコメントやSNSを通じ、「ここに行ってみて！」という情報をたくさんもらいます。

皆さんからのおすすめは貴重な情報源。**「行ってみたい！」と思ったら、GoogleMapにすぐ保存**。近くを通ったときに気付けるようにしています。

チャンは細かく項目を分けて記録。実際に行った特にお気に入りの場所には、ハートマークを付けています。

こうやって記録しておくと、記憶にも残りやすくなる気がします。せっかく貴重な毎日を過ごしているので、覚えておけるに越したことはありません。

休憩する場所を探すときには、まず「ウェザーニュース」のマップから過ごしやすそうな気温の場所を見つけ、次にそのエリアに道の駅がないかを確認。ない場合は「**みんなでつくる車中泊マップ**」で「近くに泊まれそうな場所はないかな？」と調べます。トイレが古いかどうかや「うるさいと寝にくい人は注意」など、みんな詳しくレビューをしてくれていて、とても参考になるんです。そして最後にＧｏｏｇｌｅＭａｐを目的地までのナビとして使います。

この３マップの合わせ技、皆さんも試してみてくださいね！

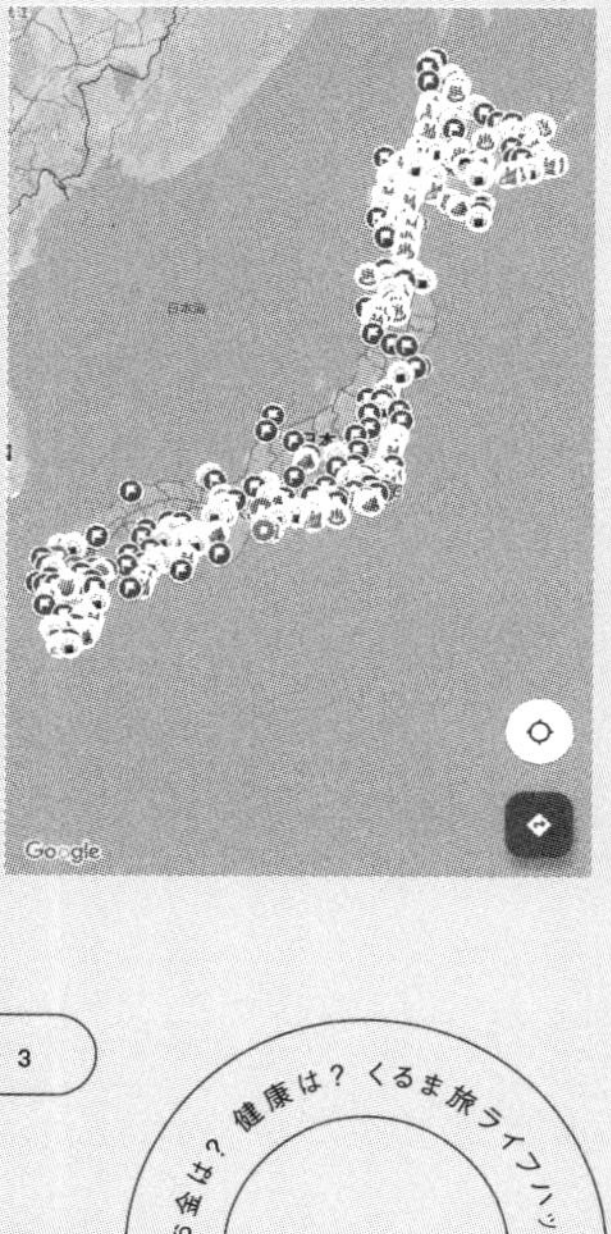

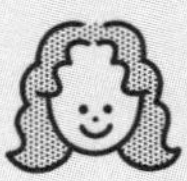

TRANG

気になるお金事情

くるま旅をしたい方にとって、一番気になるのが「お金」ですよね……。

ここでは、私たちのお金事情を赤裸々にお伝えします！

まず、私たちは家計簿をつけていません。今は**クレジットカードをメインに使うことで収支把握**をしています。

それから、遠距離恋愛をしていたときからずっと続けているのが「**先取り貯金**」。これは、**収入の2割を給料日に別の口座に移す**というもの。

ここに入ったお金は、すべて貯金。いつか結婚式をしたり家を買ったりするときに使おうと思っています。

その上で、毎月の支出はこちら。

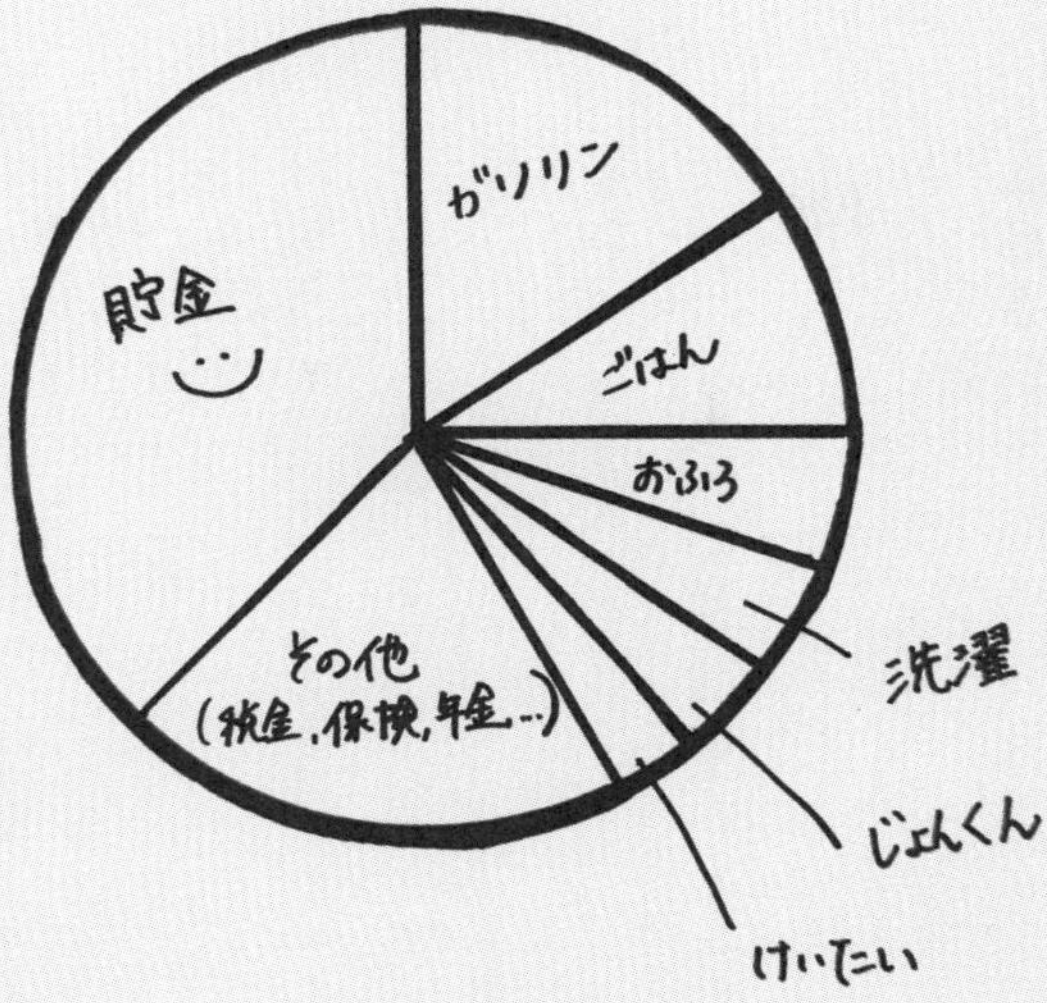

◎ガソリン代

くるま旅で一番お金がかかるのが、ガソリン代です。

これは、私たちの「家賃」といっても過言ではありません！　ガソリン代は、毎月平均で**4万～5万円**ほど。夏はエアコンを使う分ガソリン代も高く、昨年の夏は1か月で13万円かかったこともありました。夏のバンライフは高級賃貸です（笑）。

◎食費

食費は、2人合わせて**月4万円**ほど。

旅を始めた当初は2人で1日1食を目標に

していましたが、これだと栄養がきちんと取れないんですよね。多少高くなっても健康が最優先！　ということで、現在は1日3食を徹底。ご当地グルメも食べたいから、ケチりすぎず、最初の頃よりも食費をかけています。

◎**お風呂代**

お風呂代は、今は「エニタイム」のシャワーを使うことが多いので1人あたり**月7００円**ほどと換算。たまに温泉に入ることもあるので、追加でかかることもあります。

◎**洗濯代**

洗濯をするのは、週2回ほど。私たちは、コインランドリーを使っています。1回あたり1０００円くらいかかるので、**月8０００円**程度。

◎**通信費**

通信費は楽天モバイルの無制限プランを使っており、Ｗｉ－Ｆｉは使用していません。ＰＣを使うときもテザリングでなんとかなっています。

楽天モバイルは、1人あたり**月3200円**くらい。電波が悪くて使えないようなこともなく、日本中どこでも使えるので、かなり節約できています！

YouTubeに動画をUPするときはWi-Fiが必要になるので、たまにマクドナルドやスターバックスで作業して補っています。

その他、ジョン君のご飯代、各種税金、雑費などがかかります。

お金を使うときの考え方

最近、私たちは**「経験」にお金を使うことを惜しまない**ようになりました。

また、物を買うときの判断基準が変わり**「これがあることで人生が豊かになるなら買おう」**というマインドに。

私たちの合言葉は「明日死ぬかもしれない！」。

だから、**やるかやらないか・買うか買わないかの判断基準は「後悔しないかどうか」**。

たとえば、新しいアイシャドウが欲しいと思ったとき。「明日死ぬんだ」と思ったら、「アイシャドウいらないわ」と思えます（笑）。

一方で、旅に出てから2人でサーフボードを買ったときは「明日死ぬとしたら、どうする？」と考えた上で「それでもこれは欲しい！」と思ったので購入。けっこう高額な買い物だったけど、2人の判断基準でGOが出たのでお迎えし、愛用しています。

このように、お金を使うかどうかの軸は旅に出てから変わりました。

「明日死んでも欲しい？」と問いかけながら判断するの、けっこうおすすめです！

……ただ、乱用はしないように注意！

一歩間違うと、「明日死ぬんだったら全部買っちゃえ～」となってしまいますので（笑）。

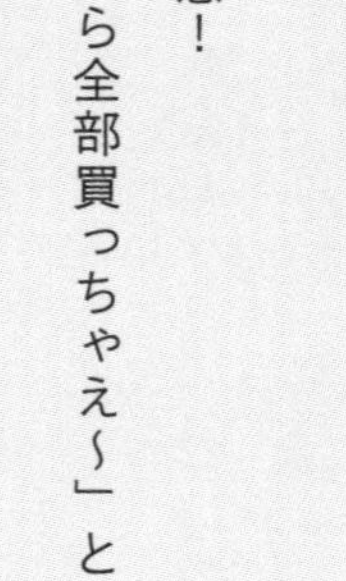
明日死ぬとしたら、
僕はちゅ～るを
爆買いするにゃ。

私たちの収入と、お金の考え方

ＹｏｕＴｕｂｅからの収入は不安定なので、そんなに贅沢はできないけれど、幸せに

暮らせるくらいにはもらえるようになりました。再生数に応じた収益に加え、案件を受けてギャランティをいただくこともあります。

毎月の目標額は、2人合わせて60万円。このくらいあれば不自由なく生きていけるので、このラインを達成できるように頑張っています。

そして、**大きな目標は「月100万円」！**　一度だけ達成できたことがあり、そのときは2人でお祝いをしました。ここまで来られたのはみんなのおかげです！

YouTubeでどのくらい稼げるか公開している人がいなかったので、収益化できるまではだいぶ不安でした。発信を始める前も、自分たちにできるか……仕事をやめてしまっていいのか……と悩みました。

初めて収益化できたときは嬉しかったなぁ……。

一方で、安定してお給料がもらえる会社員とは異なり、**今はサボればサボっただけ苦しくなります**。

お正月に全く動画をあげなかったら、その月の収入がガタ落ち。ほとんど収益が出ず、「サボったら全部自分に返ってくるんだな」と実感させられました。

旅を始めた当初は、会社員時代の貯金を取り崩して生きていました。だから毎日不安だったけど、北海道を旅している時期くらいから収益が安定。

皆さんが動画を見てくださっているおかげで、今では、「このままいけば日本一周旅を終えられそうだな」と思っています！　将来のことを考えればまだまだ不安だけど、おかげさまで、なんとかやっていけそうです。

お金に対する考え方は、会社員時代と比べてかなり変わりました。

正直、私にとって会社員時代のお給料は「お小遣いの延長線上」みたいな感じでした。普通に働いていれば周りと同じだけ入ってくるし、逆に頑張らなくても同じくらいもらえました。

私の場合、毎月決まったお金が入ってくることが分かっているといっぱい使っちゃうんですよね。今は、毎月収入が変わるので**お金に対する感覚が鋭くなりました。**欲しいものがあれば「もっと頑張ろう！」と思えます。**給料とやる気が直接つながっている気がして、気持ちいい！**

お金の考え方は、人それぞれ。稼ぎ方も、「会社員のほうが向いている」という人もいると思います。

旅をしていると、いろんな仕事をしている人に出会います。その数だけ、お金の稼ぎ方も違っているし、考え方も違うんだなって知りました。

私たち2人の性格には、今みたいな働き方が合っている気がする！

もしこの本を読んでいる皆さんの中に、今のお仕事や収入に不安や疑問を抱いている方がいたら、今の道以外にも合う稼ぎ方があるかもしれないですよ。

TRANG

ずっと一緒にいて喧嘩しないの？

旅に出てからは、24時間365日一緒に過ごしている私たち。よく「喧嘩しないの？」って聞かれるけど、めちゃめちゃします（笑）。怒鳴り合うことはないけど、ほぼ毎日小競り合いをしています。そんな私たちでも仲よしでいられるコツを紹介します！

◎趣味の時間を大事に

海に入っているときとトレーニング中は、お互い少し距離を取って自分の考えごとができます。**適度に「1人の時間」を取るのが秘訣**です。

◎自分の特徴・気持ちを言語化

旅中に気付いたのですが、私はお腹が空いたときと眠いとき、じろー君はコーヒーが切れたときにイライラしがち。「自分はこういうとき不機嫌になる」という特性を見つけたら、相手に伝えておきます。そうしたら、たとえばじろー君が面倒そうな態度を取ってきたときに怒らず、コーヒーを買いに行くといった対処ができます。

◎喧嘩しちゃったら黙る

言い合いをしていると、エスカレートして、思ってもないことを言ってしまいます。そんなときはいったん黙って冷静になる時間をつくると、仲直りできることも。

◎ご褒美ルーレット

長時間ドライブをするときは、県境で「ご褒美ルーレット」を実施。これは、お互いを「運転・ナビお疲れ様!」とねぎらうための企画。県をまたいだタイミングでルーレットを回し、止まった場所ごとに「スターバックス」「アイス」などご褒美を決めています。「腹筋」「腕立て伏せ」など罰ゲームもあるので、そのスリルも楽しい!

一緒にジョン君のさんぽをしたり、おそろいのものを買ったりするのも有効。考え方も性格も育った環境も違うからこそ、相手を理解しようと歩み寄ることが大切ですね。

CHAPTER 4

ねこちゃんと旅をするということ

TRANG

爆誕！　日本一周するねこ

旅を始めるとき、**ねこのジョン君と一緒に行くかどうかはかなり悩んだポイント**でした。夏の暑さに耐えられるか不安だったし、そもそも車に慣れることができるかも分からない。ＹｏｕＴｕｂｅやＳＮＳで発信することは決めていたので、観た人から批判の声をもらう可能性もある……。

最初は友人に預けることも考えていました。実際、車のＤＩＹをしている間、ねこちゃんを飼っている友人のおうちに預かってもらったことがあったのですが、ジョン君はねこ見知りするタイプのようで、あまり仲よくなれなかったと聞きました。私たちにとってジョン君は大事な家族。預けることにしたら、移住の地が決まるまで2年くらいは一緒に過ごせないし、ジョン君がほかのおうちに馴染めるかも分かりません。

かなり悩みましたが、最終的にジョン君と一緒に旅することを決意しました。決断できた理由の1つは、**ねこを連れて軽トラで日本一周しているカップルを知った**こと。インスタで見つけてDMで相談したところ、元々は室内飼いだったねこちゃんが今では問題なく車に乗っていると教えてくれて、希望が持てました。

また、調べてみると、**海外ではねこちゃんと旅をしている人がたくさんいる**ことを知り、勇気づけられました。

それから、**バンをDIYしたらけっこう広かった**のも決め手の1つ。大学時代に2人と1匹で暮らしていた部屋よりも過ごしやすそうだったので、これなら大丈夫かもと背中を押されました。

ねこによって全然タイプが異なるので、ジョン君が旅を楽しめるタイプかは、やってみないと分かりません。ジョン君に合わせてとことん対策していこうと決めました。

TRANG

ジョン様の日本一周予行練習

本格的に旅を始める前、ジョン君と一緒に**車中泊の練習**をしました。

バンのＤＩＹが完了し「あとは旅に出るだけ！」という状態になってから、ジョン君グッズを運び込みます。

ジョン君自身のにおいがついたトイレを設置し、爪とぎ、ご飯、お水なども置いて過ごしやすい環境を完備。**爪とぎは多ければ多いほどストレス発散になる**ので、最初は5、6か所に置きました。**お気に入りのドームなど隠れられるものも用意しました。**

そして、いよいよジョン君を迎え、駐車場に停めたバンのもとへ。

パニックとまではいきませんが、ジョン君は車に乗ると不安そうに、にゃーにゃー。

以前まで「車に乗る＝病院」だったので、病院に連れていかれると思って怖くなったのだと思います。

車生活に慣れてもらう必要があったので、エンジンをかけず、1週間ほど車内で過ごしてみました。最初はベッドの下に潜り込んで不安そうな顔をしていましたが、じっくり時間をかけたことで改善。

トイレもすぐに覚えてくれて、1週間経った頃には「ここが家だ」と理解してくれたようでした。

1週間の車中泊練習期間をつくったことが、かなり大きかったと思います。

ねこは環境変化に慣れるまで、時間がかかると言われています。引っ越しするときと同様、**時間をかけて慣らしたのが正解**でした。

ジョン様が幸せを感じる瞬間とは

また、出発前に**「ねこが幸せを感じる瞬間」について徹底的に調べました。**

慣れたといっても、車だと広い部屋に比べて「走り回れない」など制限は出てしまうので、その上でどうやったらジョン君が最大限に幸せを感じられるのか……。

考えた結果、まず**「遊ぶ時間を増やす」**ことにしました。

ねこは遊ぶことで幸せを感じるそう。たくさんおもちゃを用意し、最低でも朝夜2回は遊んでいます（狩りを教えてもらっています）。

それから**「高い場所をつくる」**ことにもこだわりました。

ねこは、周りと距離を取り、高いところに座って全体を見下ろすのが好きです（笑）。うちの場合は高さのある爪とぎを置いていて、これが車内で一番高い場所。ここに登るときにジャンプするので、上下運動もできます。

そして、**「ジョン君しか入れない」場所も意識的につくりました。**

当初は収納場所にしようと思っていたベッド下の一部のスペースは、手を伸ばしにくかったこともあり、今はジョン君だけが入れる場所になっています。

人間は絶対に入れない場所なので、遊び疲れたときや1人になりたいとき、ジョン君はそこで安心して過ごしているようです。

ねこは、自分で家の中を探検し、過ごしやすい場所を探す生き物です。

僕の睡眠を
ジャマするにゃ！

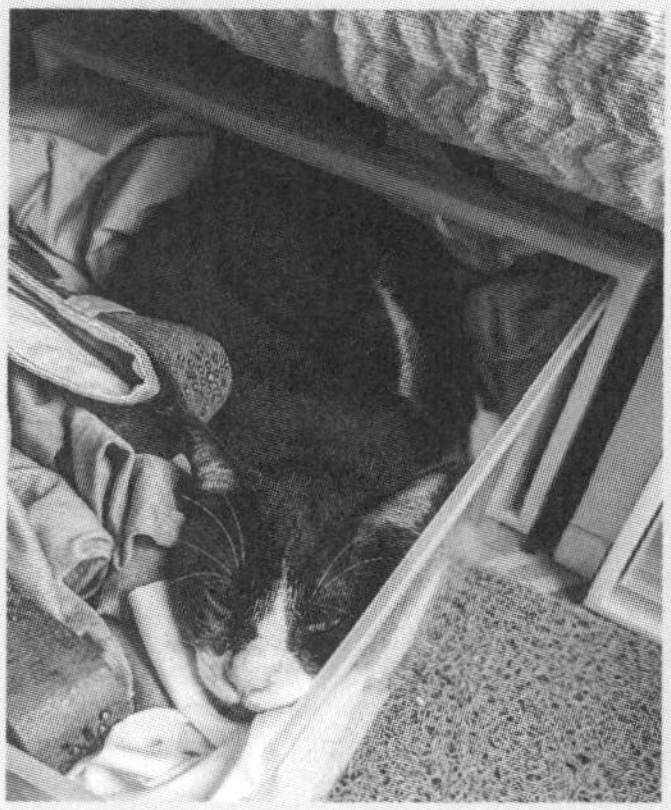

お気に入りの
爪とぎ。

ジョン君の場合、探検の結果、私たちのクローゼットを勝手に休憩場所にしています。しまってある服をあさり、強引に隙間をつくって入り込むのです。

ねこは**どんな行動をするか分からないので、それを見るのも旅の楽しみの1つ！** 一緒に旅に出るときには、準備をしっかりしたら、あとは見守るのもいいかもしれません。

僕がいないと
にゃにもできない
だろ！ 連れてって
正解にゃ！

JOHN

僕の車生活に欠かせない5つのアイテム

弟子たちが「FUFU号」と呼んでいる車は、時間をかけて僕の御殿になったんにゃ。みんな気になるだろうから、豪華な設備を紹介するぜ。

僕専用トイレ

旅前から使っている、7kgの僕のための超《スーパー》大型トイレだぜ！ 僕のにおいがついていて快適なのさ。不思議なのがさ、隠した僕のフンを弟子たちが大事に掘り返して集めてんだよにゃ……。あと「BOS」っていう袋に入れると、せっかくのにおいがちっともしなくなっちゃうんだ！

爪とぎ

車内には選び抜かれた3つの爪とぎが置いてあるぜ。特にお気に入りなのは、**にゃんボールのトンネル爪とぎ**。その上に飛び乗って、車内の安全をパトロールするのが日課なんだ〜。壁にくっついてる爪とぎと、入ってアンモニャイトできる爪とぎもあるよ！

水＆ご飯

僕は好きなタイミングで水を飲みたいし、腹が減ったらご飯を食べたい！　だから、**常に出しといてもらえると助かるにゃ。**

プライベートゾーン

弟子の寝床の下にある専用スペースと、弟子たちの服が入った引き出しが落ち着くにゃ。弟子たちの見ていないときがチャンスだぜ。

僕の愛車

外に出るときに乗り回してる。

TRANG

ジョン様と一緒にフェリー旅！

「日本一周旅」と銘打っていますが、今回の旅では沖縄上陸を諦めることにしました。

なぜなら、**沖縄はジョン君を連れていくにはハードルが高かった**から。

ここでは、〝ペットと一緒のフェリー旅〟についてご紹介します。


本州から北海道・沖縄に行く際は陸路が使えないため、**車の場合はどうしてもフェリーに乗る必要があります**。四国も九州から向かう場合は船旅になります。

ジョン君を連れてフェリーに乗るのは、人間的にもジョン君的にも不安がいっぱい！

ペットと乗船する場合は事前にきちんと情報収集して、安心・安全に旅をする準備をしましょう。

まずは、私たちが実際に経験・検討したフェリー旅をまとめます。

大間～函館のフェリー旅

北海道に上陸する際は、青森県・大間の港から津軽海峡フェリーに乗船しました。**乗船時間は1時間半ほど**です。このフェリーには、小・中型犬が使えるドッグルームがあります。ただ、その他の動物や大型犬は車内で待機するルール。

乗船時間が比較的短かったので、ジョン君には車内で過ごしてもらいました。

大分～愛媛のフェリー旅

四国に行く際は、大分～愛媛をフェリー移動しました。**移動時間は最短1時間ほど**で、ケースに入れておけば客室へのペットの連れ込みもOK。

私たちは**ペットカートの上部を取り外し、そこにジョン君を入れて一緒に乗船**しました。時間も短いし、カートの間から直接お水もあげられるので、ジョン君も落ち着いて過ごしていました。

鹿児島〜沖縄のフェリー旅

鹿児島からフェリーに乗り、沖縄まで行くには約25時間かかります。

このフェリーで移動するなら、どんな感じだろう……想像した結果、私たちは乗船を見送ることにしました。

ジョン君に車で過ごしてもらう場合、フェリーが動いてからは車内に戻ることができないため、ほぼ丸1日、ジョン君の様子が分かりません。車を置いている場所がどのくらいまで気温が上がるかも想像できず、時間が長いこともあり不安が勝りました。

挙げた例はあくまで一例です。フェリー会社によってペット連れ込みの条件が違うので、検討中の方はあらかじめよく調べてみてくださいね！

ペットと乗船する際の注意点

ジョン君と離れる際には、水が十分にあるか、犬が近くにいないかなどをよく確認しました。

気を付けたのは、ジョン君が落ち着いて過ごせる環境をつくること。お気に入りの毛布を出しておいたり、クローゼットの引き出しをあらかじめ開けて入りやすくしておいたり。それから、水とご飯、ちゅ～るも、もちろん置いておきました。

車で待機してもらうかどうかは、暑さや時間、戻れないリスクなどを検討した上で、判断するのがいいと思います。

人間と一緒に乗れるペット部屋のプランだとしても、急に環境が変わることで、食事やトイレができなくなる可能性もあります。

ペットを連れて旅をする場合、なによりもペットが最優先！

うちも**ジョン様史上主義**で、過ごしやすい環境を模索しながら旅をしています。

JOHN

プロフェッショニャル 僕の仕事の流儀

僕のことを「ユーチューバー」と呼ぶ人もいるけど、僕の本業は「ニャルソック」だ。人間界でいうセキュリティのプロ「アルソック」みたいなもんだな。完全リモートで、今の時代に合ってるだろ？

①仕事内容

僕の仕事は停車してから始まる。まずは窓からのチェック。弟子たちと僕が危険なく過ごせる場所かを確かめるために、**全方向からもれにゃく観察するのが僕のやり方だ。**仕事中に僕が窓の近くにいると、人間たちが群がってきて「かわいー」とか言ってくる。まったく、人気者も大変だぜ。

次は車の下だ。外に出るのはとても危険だから、**作業着（ハーネス）を着て、命綱（リード）をつないで行くにゃ。**周りに同業者（ねこや犬）が何匹いるか、どういう人間がいるか、調査を行う。

もっとも重要なのは、**においをつけること。**しっかり背中を地面にこすりつけて、においをつけることで、同業者に「ここは僕のなわばりだぞ！」とアピールするんだにゃ。

②勤務時間

チェックにかかる時間は、**毎回だいたい10～15分。**大丈夫だと見極めたら、くつろげる場所に戻るんだ。プロフェッショナルたるもの、仕事の効率も重要なんだよな。よく寝て、よく食べて、いざ出動するときにフルパワーが出せるようにしているんにゃ。

僕にとってのプロフェッショナルとは何かって？ちゅ～るくれたら答えてあげてもいいよ。

JOHN

僕のこだわりの作業着

最近のマイブームは、おさんぽすること。よく外に出かけてるにゃ。車の外には、楽しいことと同じくらい、危ないこともいっぱいある。僕はえらいから今までドジをしたことはないけど、より安心して歩けるように、装備にもこだわっているんだぜ。

まずは作業着（ハーネス）のこだわり。最初はねこ用を使ってたんにゃけど、今のは**犬用**なんだって。白黒の僕に一番似合う黄色でおしゃれだろ？ **毛がつきにくいツルツル素材だから、クリーニング（毛づくろい）も簡単にできるんだ。**もこもこだと舌が引っかかっちゃうから、これはけっこう大事なポイント。

そして、仕事に使うものだからこそ、**着心地がいい**ことも条件の1つ。選ぶときには首が詰まっていにゃいか、肩が凝らないか、よ〜く確かめてくれよな。

とはいえ、僕はとっても柔らかいから、強い力で引っ張られたら、くるっと回って作業着を脱いじゃう……。そこで注意したいのが命綱（リード）の使い方にゃ。

命綱の長さは決まっているから、弟子たちが手で持っていると、知らない間に力がかかっちゃうことがある。だから、昼間に僕が冒険に出るときは、**命綱を短めにして地面に置いてもらってる。**伸び縮みするリードは持ち手に重みがあるから、ちょうどいい塩梅で僕の理性を刺激して、行動を制限してくれるんにゃ。

弟子たちには僕の勇姿をしっかり見てもらいつつ、**命綱と地面が擦れる音の大きさで距離を測ってもらっている**けど、ねこによっては逃げ出して迷子になっちゃうやつもいるから気をつけてくれよにゃ！

夜にさんぽに出かけるときは、うずうずして遠くまで走りたくなっちゃうから、**弟子に命綱を持ってもらって、僕が走り出したらキャッチする**っていう業務をお願いしているんだ！

JOHN

僕とおでかけするなら

せっかくだから、僕が外に出かけるときの場所選びの極意を教えてやるにゃ！

車が少ない

僕は車の下に入るのが好き！　車があるとすぐ入りたくなっちゃうから、誘惑が多い場所だとドキドキしちゃうんにゃ。

人が少ない

僕はねこ見知りだから、知らない人があんまり得意じゃない！

同業者が少ない

なわばり争いは嫌だから、ねこや犬が少ないところがいいな。

地面が綺麗

僕の仕事で重要なのは、体をこすりつけて、においをつけること！　ゴロンゴロンしても僕の身体が汚れないようなコンクリートが嬉しいにゃ。逆に、ワンちゃんが好きそうな芝生の公園は好きじゃないから、駐車場とかが落ち着けるかな～。

松の木がある

爪とぎしたいから、木があるといいな。松の木は特に綺麗にとげるんだ。あとは猫草があると食べられて嬉しい。

隠れられる場所

なにかしら障害物のある、隠れられる場所だと最高だな！

だいたいこんな感じかにゃ～。

あと、暑いときはペットOKのレストランを弟子に探してもらうこともあるんだ。北海道では、テラス席で一緒にご飯を食べたな～。僕の愛車（リュックやカート）に乗って、弟子たちと一緒に食べ歩きを楽しむこともあるよ。

JOHN

僕の暑さ・寒さ対策

僕は暑かったり寒かったりすると、自分が快適に過ごせる場所を自力で探すんだ。ちょうどいい気温が人間と同じくらいだから、弟子たちが気持ちよく過ごせる環境だったらだいたいOKにゃ。これから話すことはあくまで弟子たちが僕のために追加でやってることだから、**まずは人間用の対策をしっかりすることが大事だぜ！**

暑さ対策

SwitchBot温湿度計

僕のよくいる場所にはこの温湿度計が置いてある。**気温が30度を超えないか、弟子たちがこまめに確認しているぜ。**もしWi-Fiがあったら、スマホとつなげて、離れたところからでもチェックできるらしい……。ねこにとっては湿度も大事だにゃ。僕が干からびないように、ちゃんと見ててくれよな〜。

ペット用クールリング

このくびわ、冷たくて気持ちいいにゃ〜。熱中症の予防にもいい感じ！

ひんやりマット

僕は優秀だから、居心地がいい場所を自分で探せるんだぜ！　暑いなと思ったらこのマットの上で寝るんだ。すごいだろ〜！

寒さ対策

僕用電気ヒーター

これの前で寝るとぽかぽかで気持ちいいんだ〜。暑くなったら涼しいところに逃げるけどにゃ！

もこもこベッド

冬は僕の寝床もランクアップ。柔らかくてお気に入りだぜ！　チャンのもこもこパジャマも大好き。

JOHN

目指せ、30歳まで生きるねこ！

旅をしていると、健康面は大丈夫？　とよく心配されるにゃ。

でも、僕はこの1年、一度も体調を崩さなかったのにゃ！　えっへん。


一応、行きつけの病院はあるから心配しにゃいで！

僕が生まれた街・別府に1つと、じろーの実家がある神奈川にもう1つ。

もし旅中に大きな病気をするようなことがあれば、すぐ弟子たちに病院に連れていかせるにゃ！

JIRO

ジョン君の健康管理

ジョン君がいくら元気とはいえ、旅にイレギュラーはつきもの。人間でも、旅をしていると気付かないうちに疲労がたまり、体調を崩すことはよくあります。そのため、**家で暮らしていたとき以上に、ジョン君の健康状態は注意して見ています。**

まず、お医者さんと相談し**ワクチンを年1回の頻度で打つ**ことにしました。家に住んでいれば3年に1回でいいみたいですが、ジョン君は外に出る機会が多いので念のため。昨年と今年は、旅先で評判のいい病院を探してワクチンを打ちました。定期的に**ノミ対策**もしています。

また、**ブラッシングを頻繁にする**ようにしています。

ねこは気持ちを落ち着けるために、よく自分の身体を舐《な》めます。すると抜けた毛が体内にたまり、吐いてしまうのです。月に数回吐く程度であれば問題ないと言われていますが、吐くと内臓に負担がかかってしまうため、僕たちはこまめにブラッシングをして対策。

会社員時代にチャンの家で暮らしていたときは、なかなかブラッシングをゆっくりしてあげる時間が取れませんでした。

今は24時間一緒にいるので、気付いたらすぐブラッシングしてあげることができます。これにより、旅に出てからほとんど吐かなくなりました。

ブラッシングして取れた毛は集めてボールにしています。


生え代わりの時期など、それでも吐いてしまうことはあるので、そんなときはいつも僕が手で受け止めるようにしています（笑）。車の中だとベッドに吐かれることになるので、手で受け止めたほうが掃除しやすくておすすめです！

最近は僕の察知力がパワーアップし、ジョン君が吐きそうになっていると、その気配を感じて、眠っていたとしても目覚められるようになってきました。


そして、**「A－M」という腎臓の働きを改善するご飯**をあげています。

ねこは腎臓を悪くしがちなのですが、僕らはジョン君に30歳まで生きてほしい！　長寿ねこを目指して、食事で体内環境を整えてもらっています。

僕が注射されているところ。
ぜーんぜん痛くないもんね！

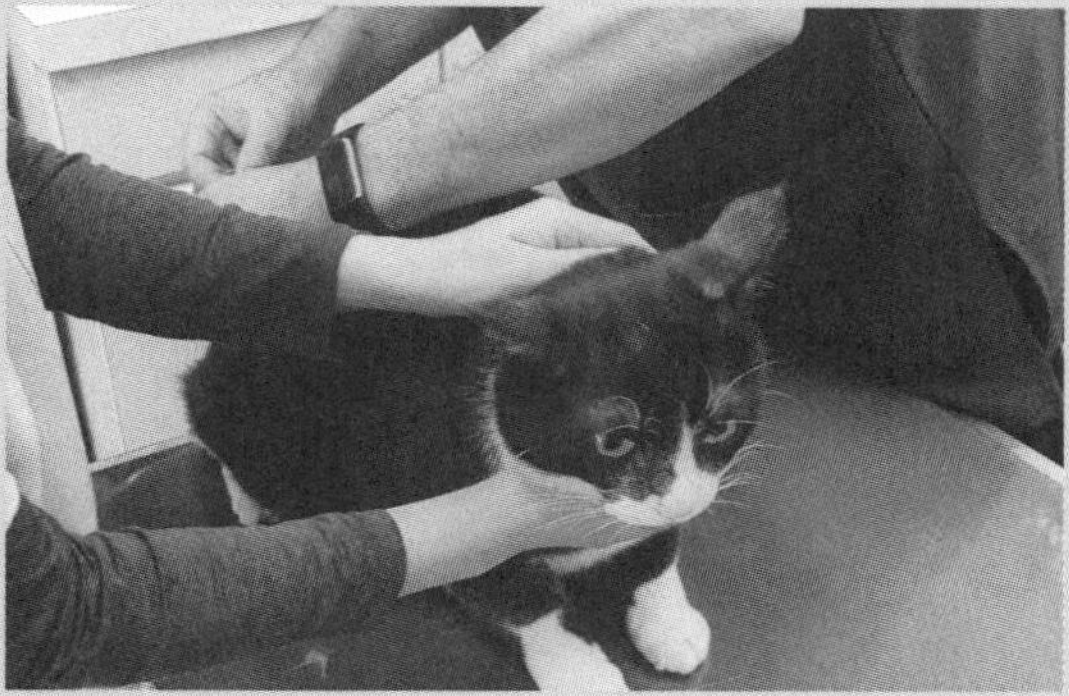

弟子たちのためにも、これ
食べて長生きしてやるか～。

JIRO

ジョン君は僕らの招きねこ

最初こそジョン君を連れていくべきか悩んだけど、今では**ジョン君のいない旅なんて考えられない！**

幸せを感じる瞬間も多くて、「ジョン君がいてよかったな」と頻繁に思います。

たとえば、僕らが喧嘩してしまったとき。**険悪モードになると、僕らの間に入ってきて腕をトントンしてきます**。まるで「喧嘩はやめなよ～」と言っているみたい。

そうすると癒やされてしまって、2人とも「なんで喧嘩してたんだっけ？」という状態に。狭い空間でずっと過ごしているとイライラして喧嘩になることもあるけど、ジョン君はそんな僕らの緩衝材みたいな役割をしてくれています。

あと、今は**24時間一緒にいられるのも嬉しい**。仕事をしていた頃は朝と夜しか一緒に過ごせなかったけど、今はず〜っと一緒にいるから、**いろんな表情が見られて幸せ**。思っていた以上に口数が多いし、何時に何をしているのか、活動リズムも把握できました。

最近は、お腹が空くと近くに寄って見つめてきたり、さんぽに行きたいときはトントンたたいてきたり……。僕らが気付いて反応するからか、ジョン君自身もすごく表情豊かにアピールするようになりました。

それから、**ジョン君きっかけで話しかけてくれる人が思った以上に多い！** 僕らのYouTubeや車には「ねこと日本一周」と書いてあるので、ねこ好きな人に気にかけてもらうことがとても多いです。ねこつながりで素敵な出会いがあることも多く、なんというか、ジョン君が〝**招きねこ**〟みたいになっています。**ジョン君がいるだけで、人やご縁が集まってくるのです**。

＼ 招きねこポーズ！ ／

TRANG

ねこと一緒の旅は、覚悟を持ってスタートしよう

ジョン君との旅は、とっても楽しくて幸せです。

興味があれば、ぜひこのＨＡＰＰＹな経験をしてみてほしい！

……でも、**気軽に「おすすめだよ！」とか「やってみなよ！」とは言えません。**

旅が始まったら、途中で投げ出すことはできません。行きたいところに行けないなど、ねこちゃんと旅をするデメリットもあります。

実際、私たちは**ジョン君の体調を優先し「旅を一時中断する」**という決断をしました。

２０２３年、北海道でひと夏を過ごし、夏旅の過酷さを実感。そのため、２０２４年の

今年は宮崎で家を借り、夏の間だけ旅をやめることにしたのです。人間だけで旅していたら中断は選ばなかったけど、ジョン君を第一に考えるからこそ、です。

ねこちゃんと旅に出るなら、**すべての判断において、基準はねこちゃん。**なによりねこちゃんを優先する覚悟を持つ必要があります。

それから、**すべてのねこちゃんが車で旅できるわけではありません。**

ジョン君はたまたま向いていただけ。ねこちゃんによっては車酔いしてしまう子もいるので、旅に出る前に必ず練習をしてから判断したほうがいいと思います。車酔いしやすい子は吐いてしまうし、慢性的に体調不良になってしまいます。練習期間でそういう症状が出たら、すぐにでも中止したほうがいいと思います。

ペットと旅することはとても難しいことだから、私たちがジョン君と旅できているのは、「ラッキー」なんです。

Trang
Jiro

CHAPTER 5

バンライフを始めるまでの100日間DIY

JIRO

2年半で300万円貯めた節約術

社会人1年目の5月に、「会社やめて日本一周しよう!」と決意した僕ら。
日本一周旅を目指し、まず**2人で「100万円貯める」という目標を掲げました。**

僕は、目標があると一心不乱に頑張れるタイプ。
手取り約18万円のうち、**毎月10万~12万円を貯金に入れる**ようになりました。さらに、ボーナスが入ったら全額セーブ。休みが週1回の上、毎日夜中まで働いており、大阪に知人もいないので、お金を使わなくても大丈夫でした。

自炊はしなかったけど、昼はコンビニ、夜は「なか卯」という生活をしていたので、そもそもお金を使う習慣がなかったのです。月に1回チャンと会うときくらいしかお金を使わなかったので、手取りのほとんどを貯金に回しても平気でした。

一方、チャンは**月5万〜6万円を貯金**。東京暮らしということで家賃や生活費が高く大変そうでしたが、余裕がある月は10万円を共同口座に！

遠距離恋愛をしていたため、僕らが会えるのは月1回。**貴重なデート中にわざわざATMに行き、一緒にお金を預けるのが習慣**になっていました。残高を見て「あともう少しだね！」と確認し合うのが、僕らのモチベーションの源だったのです。

そんな生活を続けていたら、**半年ほどで100万円を超えることができました**。達成した瞬間は、すごく嬉しかったなぁ……！

参考までに、この時期、僕らがどんな節約をしていたのかご紹介します！

◎給料が入ったら即貯金

口座にお金が残っていると、ついつい使ってしまいます。だから、給料が入ったらまず貯金。**口座にお金がない状態にして「ヤバい、使わないでおこう！」というマインドをつくり出していました。**

◎【チャンの節約術】プロテイン

おやつ代わりにプロテインを飲み、**おやつ代節約×美容×栄養摂取を実現。**プロテインは**セールのときにまとめ買い**していたようです。

◎【チャンの節約術】お弁当生活

お昼ご飯は買わず、お弁当に。白米と茹でた鶏むね肉と茹でた野菜を毎日食べて、**ランチ代節約×ダイエット×健康を実現！**

◎【じろーの節約術】仕事に集中する

僕にとって一番の節約術は**「仕事に集中する」**ことでした。

仕事のことしか考えないようにすれば、欲しいものも出てこないし、ご飯も気にしなくなります。あまりいい方法ではないかもしれないけど、僕にとっては一番効果的でした。

結果、僕らは「日本一周しよう」と決めてから**約2年半で300万円貯金に成功！**

「やればできるんだ！」と、自信につながりました。

そして、この300万円を元手に、僕らは旅に出る準備を始めます。

TRANG

立ちはだかるビザという壁

日本一周旅に向けて動き出すことになり、私とじろー君は結婚しました。

「会社やめて日本一周しよう！」と電話で盛り上がっているとき、私はふと気付いたのです。**「今の仕事をやめるってことは、就労ビザなくなるじゃん！」**と。「結婚すれば日本にいられる」と話したのが、2人の中で結婚話が出た最初のタイミング。

そのときはあまり深く話さずに電話を終えたけど、本当に会社をやめるなら本気で結婚を考えないといけません。

でも、女の子的には〝理想のプロポーズ〟ってあるじゃないですか。サプライズとか、シチュエーションとか……。じろー君にも考えがあるだろうし……と思うと、自分から「早く進めよう！」とは言えない。なんだかモヤモヤしてしまい、私は友達に相談するくらい、結婚のことで悩んでしまいました。

「待つのみだ」とは思いつつ、国際結婚について調べてみると、ベトナム大使館から書類を取り寄せる必要があったり、別居の理由書が必要だったり、以前住んでいた別府から取り寄せる書類もあったり……。とにかく、いろんな資料が必要だと判明。申請に半年かかることもあるらしく、仕事をやめるタイミングを考えると、ゆっくり進めている場合ではありませんでした。

当時、私たちはまだ23歳。じろー君は「いつかチャンと結婚する」と思ってくれていたようだけど、まだ覚悟は決まっていなかったみたい。でもバンライフをするなら、ビザは必須。結婚を引き延ばしたら、私がベトナムに帰らなきゃいけなくなるかもしれない……。ついにじろー君に相談して、じろー君が「いつか結婚するなら今結婚しても同じだ」と決意を固めてくれて、11月14日に籍を入れました。

配偶者ビザ取得

次の難関である配偶者ビザを取得するためには、大きなハードルを何度も越えないといけませんでした。

自分たちだけではどうにもできず、最終的には行政書士さんの力を借りることに。結果、どんな資料が必要かは分かったのですが、その資料を集めるのが本当に大変でした。

たとえば、「過去に結婚歴がない」ことを証明するための資料、税金の支払い証明書、数か月分の給与明細、貯金額、家族の銀行口座……などなど。

一番驚いたのは、私とじろー君の今までの歴史を、すべてエッセイにまとめる必要があったこと！ 出会った日、初めてメッセージを交わした日から今までのＬＩＮＥやインスタでのやり取り、２人や家族が写った写真……２人のプライベートな情報を大量に提出しました。それから、出会ったときの印象やお互いの好きなところなど、なかなか人に言わないような話も。

この時期にはすでに会社をやめていたので、資料をすべて提出して申請が通るまでの期間は、ずっと不安でした。だって、もし通らなかったら日本一周を諦めてベトナムに帰らなきゃいけないんですから！

でも、なんとか無事に、申請後2～3か月でビザを取得することができました。

配偶者ビザはランクが低いらしく、あれだけ苦労したのに、**ビザの期限は1年間。**就職していれば3～5年の在留資格をもらえるのですが、配偶者ビザの場合は1年ごとに更新する必要があります。私の場合は旅に出ていて更新書類の準備が難しかったため、同じ行政書士さんを頼り、無事更新ができました。

国際結婚の場合、普通のカップルとは全然違うハードルがあるのだと実感したのがこのとき。でも大変な共同作業を一緒に乗り越えて夫婦になったので、絆は深まりました。

……ただ、実はまだ、正式にはプロポーズされていないんです！　今後どこかでちゃんと言ってくれるかな？

FUFU号徹底解剖!

DIYの道のり

＼START／

1 車を選ぶ

2 塗装する

世界にひとつの
デザイン。

腰痛ヤバい!

3 制振材・防音シート・断熱材を貼る

4 床と天井をつける

5 ソーラーパネル・ルーフキャリアを取り付ける

FUFU号の
身長が30cm
伸びた!

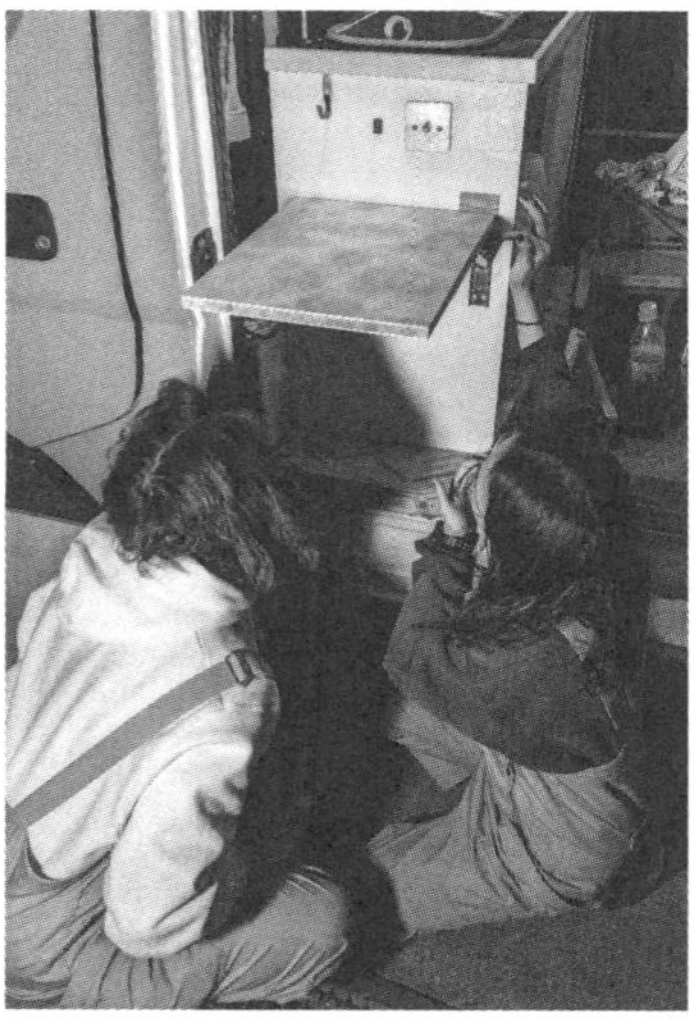

ビス打ちだけは
任せて!

6 キッチンをつくる

9 窓枠をつくる

もう車中泊できる!

8 ベッドをつくる

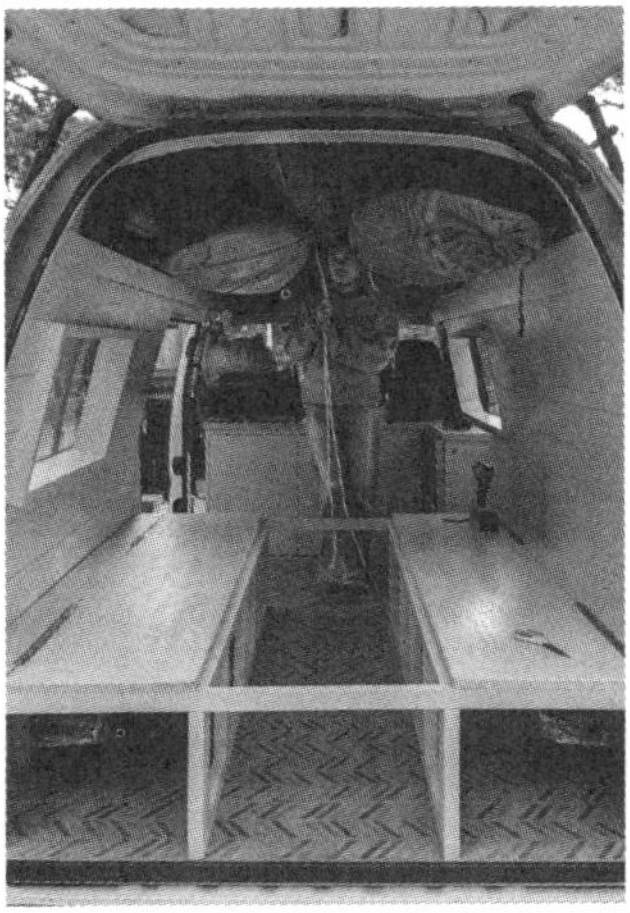

10 塗装

ホイール塗装の裏技!

7 壁を貼る

\ GOAL /

11 インテリア

JIRO

人生初のマイホーム兼マイカー購入！

日本一周に向けて動き出し、最初に準備したのは車。**「暮らす」ことを想定し、天井が高く、ある程度大きい車に絞って探し始めました。**ただ、いざ車を探してみると、予算と条件に合う車が全然見つからない！　**コロナ禍に始まった車中泊ブームのため、以前よりも値段が上がっているのです。**

最終的に、僕らが今乗っているFUFU号とは埼玉県の中古自動車店で出会いました。50万円ほどのキャラバンが出ており、走行距離も短く理想的だったのですが、即決ができなかった僕ら。理由は「実物を見たい」から。しかし、いつ見に行こうかと日程調整しているうちに、買い手が決まってしまいました。すごくショックを受けましたが、その1週間後、同じ店から出たのが今のFUFU号。前回見たものより高く、走行距離も長かったのですが、「ここで迷ったらまた売れてしまう！」と即決。ついに、僕らのFUFU号が決まりました。

車をゲットした日は、宝物を手に入れたような感覚でした。「この車があれば、どこまでも行けるんだ！」「これからこの子と日本一周するのか」と思うと、トキメキが止まらない！　埼玉から帰るドライブの最中は、ずっとにやにやしていました。なんだか、家族が1人増えた感じ。

そして、買ったからにはもう後戻りはできない！　日本一周旅に向けた具体的な第一歩を踏み出し、一気に実感が湧きました。

車の選び方

1	見た目	見た目が好みの車が一番！　僕たちは、キャラバン・ハイエース・ボンゴバン・バネットバン・軽バン・スプリンター・マイクロバス・クイックデリバリーなどが候補でした！
2	走行距離	安い車は10万kmを超えてるものが多いけど、走行距離が長いと壊れやすくなってしまいます……。なるべく10万km以下のものを探しました！　ちなみに、FUFU号は8万kmでした。
3	値段	最初は予算30万円で探していましたが、なかなか見つからず、最終的に60万円のキャラバンにしました！
4	広さ	2人以上で旅する場合、広ければ広いほどストレスが減る＝喧嘩が減る！　あと、サーフボードを車内に積みたかったので、ハイルーフの車をメインに探しました！
5	ディーゼルエンジン	ディーゼル車は購入時は車代が高いですが、ガソリンより安い軽油が使えるので、長く乗るならお得です！　FUFU号はガソリン車です……（泣）。
+α	四駆	FUFU号は二駆で無事故ですが、四駆はタイヤが4つ全部動く仕組みで、道にハマりにくいんです。雪道、泥道、砂利道に強いから、行き先の幅が広がります。

TRANG

塗装で世界に1つだけの花柄デザインに!

FUFU号のDIYで、最初にやったのは塗装。**駐車場を借りて、許可をもらって合計4日ほどかけて塗装を行いました。**

◎塗装工程

①車を磨き、全体にヤスリをかけます。塗装を密着しやすくするための作業です。
②シンナーで全体を拭き、油分を消します。
③塗装しない部分にマスキングテープを貼ります。
④いざ、塗装! 1回ではムラが残るので、何度も塗り直します。
⑤お花の模様を描きます。

花柄は、最初に描く場所を決め、マスキングテープを貼り、その内側に花を描くという流れです。私はネイルをやっているので、こういう細かな作業が比較的得意！　お花の形はすべて私が描き、内側はじろー君や友達に色を塗ってもらいました。

塗装作業は、私にとって子どもの頃の夢を叶えたみたいな感覚！　でっかいキャンバスに絵を描いている気分で、童心をくすぐられました。

モスグリーンにした理由は、私たちらしい自然な色にしたいと思ったから。最初は海をイメージして青系も考えていたのですが、やっぱり自然といえば緑だよね……ということで、今のカラーに。

塗料は「タカラ塗料」から色のサンプルを10種類くらい借りて比べ、緑と黄色の組み合わせに決めました。初心者用のセットがとても使いやすくておすすめです！

この作業には**合計3日間**くらいかかりました。途中で雨を挟みましたが、シンナーで軽く汚れを拭いて重ね塗りをしたら無事に仕上がりました。

TRANG

地味にすごい！ DIYの下地づくり

やる・やらないで大きな違いが出るのが、**制振材・防音シート・断熱材の設置！**

制振材とは、振動を抑え音の発生を防ぐための製品。**アルミホイルみたいなシートをカッターで小さく切って、車の鉄部分全体に貼るという作業**をしました。

車は全体が鉄のかたまりなので、エンジンをかけるとブルブルッと震えますよね。でも、これを貼ることによりその振動が抑えられ、**音が響かなくなる**のです。また、**車内の音も外に漏れにくくなる**そうです。

そして、**制振材の上に大きな防音シートを貼り、さらにその上にモコモコの断熱材を敷き詰めます。**

これは、夏の暑さ・冬の寒さを防ぐためのひと手間です。**あるのとないのとでは、車内の気温変化が大違い！** 真夏だとちょっと出かけている間に車内がサウナみたいに暑くなることがあると思いますが、FUFU号は断熱材を敷き詰めているのでそこまで車内温度が上がりません。

この3工程は作業としては簡単なのですが、ずっと同じ姿勢で作業をするので、めちゃくちゃ身体が痛くなります！ ひたすら天井を向いて中腰で作業をするので、腰や肩をだいぶ痛めました（笑）。

朝から晩までず～っと作業をしていたので、車の天井が夢にも出てきそうなくらい。DIYの中で、もっとも大変な作業だったかもしれません……。

この時期の私たちが日課にしていたのが、**作業後にコンビニでカップ焼きそばとビールを買って疲れを癒やす**こと。

それまでじろー君はビールが得意ではなかったけど、このとき飲んだビールは痺れるおいしさ！「沁みる～！」と思わず声が出てしまっていました。

TRANG

ＤＩＹはプロの力を借りて！ 師匠との出会い

ＤＩＹは、自分たちで自由に作業できるのが醍醐味。でも、**無理せずプロの力を借りるのも超大事**です。私たちも、プロの大工さんの力を借りてＤＩＹを進めました。

「埼玉」のページでも紹介しましたが、私たちが「師匠」と呼んでいるその大工さんは、私が偶然出会ったサーファーです。

じろー君と遠距離恋愛をしている頃、私は千葉までサーフィンをしに行ったことがあります。しかし、ボードをレンタルする予定だったショップが臨時休みに。どうしようと彷徨《さまよ》っていた私を助けてくれたのが、その人でした。ボードを貸してくれただけでなく、家族の輪に入れてくれて、仲よくなってインスタのアカウントを交換！　でもこの時点では、その人が大工さんだなんて知りませんでした。

その後、DIYを始めてから「車のDIYに詳しい人いませんか？」とインスタにあげたところ、「俺、大工だよ！」と連絡をくれたのがその人。即座に「師匠！」と返事をして連絡を取り始め、実際に会って何時間も打ち合わせし、私たちの日本一周のことをとても応援してくれました。そして、一緒になってキャンピングカーをつくってくれることに！ 本当に出会いってどこにあるか分からないですよね。師匠は、主に家の内装を手がける大工さんなのですが、新しいビジネスなどなんでも挑戦したいというマインドを持っている人。「DIYを手伝うことが僕にとってもいい経験になり、輪が広がる」と言ってくださって、**〝先行投資〟のような形で、手伝ってくれた**のです。

この人は、DIYの師匠なだけでなく私たちにとって**「人生の師匠」**みたいな存在。個人事業主としても先輩だし、夫婦の相談にも乗ってもらいました。

そんな師匠が教えてくれたのは**「素人だけでやるのは危ない」**ということ。電動工具は、使い方を一歩間違うと人の命を奪ってしまう危険性があります。ケガをしたら元も子もないし、**楽しく進めていくためにはプロの力を借りるのがおすすめです！**

JIRO

ソーラーパネルで電気を自給自足！

師匠の力を借り、**床や天井に木材を設置**。ＦＵＦＵ号が、だいぶ様になってきました。

次にやったのは、**ルーフキャリアの設置**。これは、**車の屋根に取り付けることで荷物を運べるようになるアイテム**です。ここにソーラーパネルを載せました。

くるま旅をするとき、課題に上がるのが電源。電源確保には2択あり、1つが**走行充電**、もう1つが**ソーラーパネル充電**です。

走行充電は仕組みがとても複雑で全然理解ができなかったため、僕たちはソーラーパネルを選択。梅雨など太陽が出ない時期は停電しやすいというデメリットもあるのですが、取り付けのイメージがしやすかったのです。2〜3日の車中泊であればポータブルバッテリーで足りると思うのですが、長期間くるま旅をしている人は、みんなこのどちらかを設置している印象です。

この作業以降は、**DIY工場を駐車場から横浜の「Mobi Lab・（モビラボ）」へ移動**しました。ここは元々キャンピングカーのレンタルなどをしているCarstayという会社で、事業の1つとしてDIYガレージの運営もしています。車やDIYに詳しいスタッフさんが常駐しており、作業に迷ったらいつでも相談が可能です。工具もお借りしながら、たくさんの工程をサポートしていただきました。

ルーフキャリアもソーラーパネルも車の外に付けるため、初心者のうちに「なんとなく」で設置して、運転中に部品が転落するなどの大事故につながったらどうしようかと僕たちは心配していました。そんなとき、**やはりプロの力はすごい！** 作業効率も上がるし、安心できるし、頼るのって大事です。

ホームセンターでもDIYサービスをしていることがありますが、車の改造をする場合は、店内と車を往復することになるので現実的ではないと思います。

これからDIYをする人は、**知り合いに大工さんがいたらヘルプを求めるのも手！もしくは、僕らのようにDIY用の工場を探して、使わせてもらうのがおすすめです。**

TRANG

熱血！　キッチンづくり合宿

次にした作業は、キッチンの設置。ここは水道も兼ねており、下にポリタンクを置いて水を使えるようにしています。

この設置にあたり、師匠とともにモビラボに行き、5日間ほどかけて作業しました。**この5日間は、まるで改造大合宿！**　工場が開く10時に集合し、夕方18時まで作業。片付けをしたら師匠はホテルへ、私たちはYouTubeの編集や投稿。そしてまた、翌日は10時から作業！　この時期には2人とも会社をやめてYouTubeをスタートし、ビザも取れて、心置きなく生活のすべてをDIYに捧げていました。

内装は私が配置やイメージを考えて師匠に伝え、師匠が具体的にどんな材料と方法で実現できるかを指導してくれました。キッチンをつくる際も、最初は全くやり方が分からなかったのですが、師匠に教えてもらいながら作業するうちになんとなく理解できるように。2～3日目からは、師匠に見てもらいながら自分で木材を切れるようになりました。

キッチンのこだわりは、水道をドアに近いところに設置すること。サーフィン後に足を洗うなどシャワー代わりにも使えるよう、入り口に近いところに置きたいと決めていました。ちなみに、棚の下に設置しているポリタンクには20ℓ入ります。1つは給水、もう1つは排水用として2つ置いています。

このキッチンには**折りたたみの机もつけました。**普段は広々と動きたい、でもご飯は2人で並んで食べたいという願いを叶えてくれる優れものです。

また、調味料やキッチン用具などを収納できる棚もあり、ぱっと見ではシンプルですが、キッチン周りにはいろんなギミックが隠れています。

キャンピングカー登録をする場合は、水道&キッチンスペースの設置が必須になります。私たちは登録しませんでしたが、皆さんがバンライフを始めるときには、登録に必要な条件を事前に見ておくと、お得に旅ができるかもしれませんよ！

JIRO

最後の難関！　壁とベッドづくり

改造大合宿の終盤には、僕らもだいぶ手慣れてきました。それまでは師匠に0から10まで説明を聞いてからじゃないと作業ができなかったけど、このときには「○○やっといて！」と言われたら「分かりました！」と作業に移れるような状態に。我ながら、成長を感じました。

キッチン周りのDIYが終わったら、次は**壁の板張り**を実施。断熱材のモコモコがむき出しの状態だったので、その上から「羽目板」というフローリング材を張り、綺麗にしました。

ほとんど2人でやったのですが、作業に慣れたとはいえ、骨が折れる工程でした。壁は平らではなくタイヤや窓部分の出っ張りなどがあるので、そこに合わせてサイズを調整するのがすごく難しい！　木材を間違って切って無駄にしてしまうなど、小さな失敗はたくさんありました。……が、なんとか2人の力を合わせてやりきりました！　一気にログハウスのような家っぽさが出て、嬉しくて2人で車の床でゴロゴロしました。

そして、5日間の**改造大合宿・第2弾**では、ベッドも作りました。キャンピングカーのベッドは組み立て式や引き出し式などいろいろあるのですが、僕たちは帰ったらバタッと寝転がりたいタイプなので、車の横幅150センチを全部使って、縦は180センチのシンプルな備え付けベッドに。骨組みを車に打ち付けたら、柱をたくさん立てて、下が収納スペースになるように、開け閉めできる板を取り付けました。

師匠のリードのおかげもあり、この2度にわたる改造大合宿でDIYの大部分が完成！　モビラボの環境もありがたく、キャンピングカーのことなどいろんなことを教えてもらいました。

TRANG

どんな景色も映画になる窓枠

FUFU号の窓枠には、私のこだわりがかなりつまっています！

車内から外を撮影したときに写真映えするよう、**窓枠は16対9の比率**に。これは**映画館で観る画面の比率と同じで、車窓から外を見ると本当に映画のワンシーンみたい！**　四角い窓や丸い窓もかわいいかなと思っていたけど、この映画みたいな切り取り方がすごくいいなと思い、だいぶこだわりました。

実は、窓枠の木材はDIYで一番高額。元々私たちは、節約のため廃材でDIYをしようとしていました。でも師匠から「木はもろいから、廃材だとカビが生えてる可能性がある！」と指摘が。窓枠も「窓枠用の強い木材を使わないとダメだよ」と言ってもらい、こだわって選びました。

結果、当初の想定より木材代が高額に……。旅中に貯金が尽きかけるという問題も起きましたが、こだわったおかげでいまだに木材部分はいい感じ。

窓枠はズレやすく、つくり直す人も多いらしいのですが、1年以上経った今も1ミリもズレていません。やっぱり、プロの技ってすごいです！

また、**キッチン部分の窓はジブリをイメージした八角形に**。師匠に相談したらプロの大工からしても難しい作業だったようですが、希望を聞いてくれて実現しました。

できた窓はかなりかわいい！　……のですが、後から気付いた難点が。カーテンをしても余ってしまい、少し光漏れをしてしまうんです。目隠しが完全にできないというデメリットは、旅に出てから気付きました。

でも、この形を褒めてもらうことも多いので、気に入っています！

TRANG

最後まで手を抜けない！　収納づくり

合宿や師匠の教えのおかげで、だいぶDIY知識がついていた私たち。

師匠のお仕事が忙しい時期に入ったこともあり、最後の細かな作業は2人で仕上げることになりました。

運転席がザ・商用車という感じだったので塗装してかわいくしたり、タイヤのホイールを黒く塗ったり……。

それから、**車内にサーフボードを置けるよう天井に収納をつくりました。**師匠にアドバイスをもらい、ビスを打つ場所を工夫。たまに「落ちてきたらどうしよう」と思うこともありますが、今のところ問題ありません！

壁には、ウクレレをかけられるコーナーも作成。ホームセンターで売っているフックをそのまま付けると浮いてしまうので、自分たちであれやこれやとやり方を考え、いい感じにフックを取り付けることができました。

何かで学んだやり方ではなく自分たちのアイデアで完成したコーナーなので、すごく達成感がありました！

また、**船に使われるマリンライトと、間接照明が綺麗なテープライトを壁に設置。**これも配線はモビラボにお任せしました。

ほか、細々とインテリアを設置したり、ジョン君が快適に暮らせるためのしかけをつくったり……と、最終仕上げ。

たくさんの人の力を借りながら、１００日間かけてＦＵＦＵ号が完成しました。

JIRO

僕らが出会いに恵まれている理由

DIYはもちろん、旅の道中など、僕らは出会った人たちに助けられながらここまで進むことができました。大工さんの師匠をはじめ、いつも本当にいいタイミングで素敵な人に出会っています。

この本にもたくさんの方に助けてもらったエピソードを書いたので、読んでくださった皆さんは、なんでこんなにラッキーなの？　と思われるかもしれません。僕なりに、その答えはあります。

それは、**「自分は運がいい」という思い込み。何か悪いことが起きたとしても、それはこれから起きる別のいいことの予兆だと思うことにする**のです。

たとえば、行きたかったご飯屋さんが開いていなくても、それは別の素敵なお店に出会えるきっかけだったりします。

この考え方は、小さなことの積み重ねでもあります。

たとえば、僕の中でラッキーナンバーは「8」。たまたま行ったガソリンスタンドで入った場所が「8番」だったとか、温泉のコインロッカーが「18番」だったとか、そんな**小さなことでも「ラッキー！」と思う**ようにしています。

このマインドの積み重ねこそが、僕らの幸運の秘密。

日頃からなんでも「運がいい」と思っていると、すべての出来事に意味が生まれます。ちょっとした偶然の出会いが、人生にとって意味のある出会いに変わる。その秘密こそが、「自分は運がいい！」という思い込みなのです。

おわりに

最後まで読んでくださりありがとうございます。

知っている方もいるかと思いますが、僕はビビりな性格です。

学校の授業で、「ここ分かる人？」って言われても絶対に手を挙げられないタイプ。

何か挑戦することに対して凄く腰が重いんです。

ずっと頭の中ではやりたい！って思っていたことも、

いつかやろうと後回しにして逃げてきました。

でも、兄さんが日本一周に誘ってくれて、いざ一歩踏み出してみたら、

思っていた何倍も応援してくれる人がいるっていうことに気づきました。

何かやってみたいことがあるけど、一歩踏み出せない僕と同じような人がもし、いるのであれば

僕と同じように一緒にやってくれる人を探すこともありかもしれません。(笑)

一歩を踏み出してしまえば怖いものはありません！
この本を読んで、やってみたかった事に
挑戦する人が増えたら、これ以上嬉しいことはないです。
この本を手にとって読んでくださり、本当にありがとうございました。
僕たちの日本一周の旅はまだ続きます。
日本一周が終わったとしても、僕たちの人生はまだ続きます。
これからもちゃんじろー大佐とジョン様の
ありのままの様子をSNSに載せていくので
これからもひっそりと応援してくれると嬉しいです。

じろう

この本を手に取ってくれて、ここまで読んでくれてありがとうございます。
私達のことを全てこの一冊に詰め込んでいます。きっとこれを読んだら、
ちゃんじろー夫婦がどんな人間かわかったと思うので、
みんなはもう、「ジョン家」の一員です。
みんなは動画を観て「元気もらった」「癒された」と言ってくれるけど、
実は私達の方が毎日コメントやメッセージでたくさんエネルギーをもらっています。
YouTubeをはじめて、こんなにもたくさんの人に支えてもらえると思ってなかったし
こんな本になるなんて夢にも思わなかったです。
この本はみんなへの感謝です。

いつも動画観てくれる視聴者のみんな、旅中に出会ってくれたみんな、
そしていつも励ましてくれる家族のみんな、本当にありがとう。
これからも、ちゃんじろー夫婦、ジョン家をあたたかく見守って下さい。

ちゃんちゃん♥

STAFF

デザイン	柴田ユウスケ、吉本穂花、三上隼人（soda design）
撮影	堀 琢麻
イラスト	miho miyauchi
DTP	エヴリ・シンク
校正	東京出版サービスセンター
編集協力	堀越愛
編集担当	伊藤瑞華（KADOKAWA）

ちゃんじろー夫婦

24歳で会社をやめて2023年4月から車に住みながら
日本一周をしているインフルエンサー。
夫婦のじろーとチャンが
挑戦的なスローライフを発信する。

YouTube:@trangjiro_vanlife
Instagram:@trangjiro_fufu
TikTok:@trangjiro_fufu
X:@trangjirofufu

ねこと夫婦《ふうふ》とくるま旅《たび》
24歳《さい》で会社《かいしゃ》やめてバンライフ始《はじ》めてみた

2024年9月18日　初版発行

著者　ちゃんじろー夫婦《ふうふ》
発行者　山下 直久
発行　株式会社KADOKAWA
〒102-8177　東京都千代田区富士見2-13-3
電話 0570-002-301（ナビダイヤル）
印刷所　TOPPANクロレ株式会社
製本所　TOPPANクロレ株式会社

ISBN 978-4-04-607067-8　C0095